세상의 모든 고래

글 – 다시 도벨 ★ 그림 – 베키 토른스 ★ 옮긴이 – 장혜경

생각의집

이빨고래

외뿔고래 60~61쪽

범고래 16~17쪽

쇠돌고래 48~49쪽

까치돌고래

바키타돌고래

작은곱등돌고래

고래는 어디서 왔을까요?
10~13쪽

고래는 물에서 어떻게 살까요?
14~15쪽

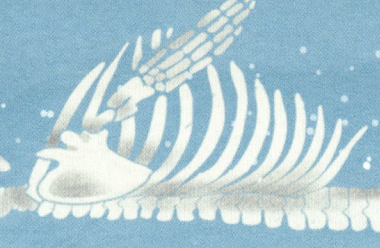
돌고 도는 생명 35~37쪽

아기 키우기
46~47쪽

방랑하는 고래
52~53쪽

고래와 인간
58~59쪽

시작하며
푸우우우쉬 웝!

고래가 바다에서 솟아 나와 숨을 들이마시면 저 비슷한 소리가 납니다. 옛날부터 사람들은 고래를 무척 좋아했어요. 덩치가 어마어마하게 크고 힘도 엄청나게 세지만 마음이 순하고 사람을 잘 따르기 때문이지요. 또 고래는 우리 인간과 닮은 점이 참 많지만 우리가 모르는 비밀도 많이 간직한 신비한 동물이거든요.

돌고래와 쇠돌고래도 고래목에 속하는 동물입니다. 학자들은 고래를 고래목(세테이시아, Cetacea)이라고도 부르지요. 학자들이 부르는 이름은 학명이라고 합니다. 고래 중에는 곡예사와 가수들이 많아요. 한시도 가만히 안 있고 싸돌아다니는 친구도 있고 집에만 콕 틀어박혀 사는 집순이들도 있지요. 또 고래는 머리가 영리한 건 기본이고요, 호기심도 많고 놀기도 참 좋아한답니다.

이 책을 읽으면 많은 고래 종을 만날 수 있을 거예요. 고래가 바다에서 어떻게 사는지도 알 수 있고, 고래와 사람이 함께 살았던 역사도 배우게 될 거예요. 또 앞으로 고래가 더 행복하게 살려면 우리가 어떻게 해야 할지도 배울 수 있을 거예요.

고래는 어디서 왔을까요?

고래는 물고기랑 닮았지만 포유류예요. 그러니까 공기가 있어야 숨을 쉬고 새끼는 엄마 젖을 먹고 자란답니다. 대부분의 포유류는 육지에 살아요. 그럼 고래는 어쩌다 바다에서 살게 되었을까요?

고래의 역사는 지금으로부터 5,500만 년 전에 시작되었어요. 다리가 길어서 재빠르게 숲 속을 뛰어다니던 작은 포유류가 고래의 조상이거든요. 녀석은 초식동물이었고 몸집이 고양이만 해서 지금 대양을 누비는 큰 고래와는 완

인도휴스

인도휴스는 시내나 강 근처의 육지에서 살았어요. 뼈가 무거워서 포식자가 오면 얼른 물로 뛰어들어 강바닥에 숨었지요.

몸길이는 0.6 미터이고요.

앞다리와 뒷다리가 길고, 발에는 돼지나 노루처럼 발굽이 붙어 있어요. 꼬리가 길어요.

약 5,000만 년 전

전 딴판으로 생겼어요. 그래도 그 녀석이 고래의 까마득한 할아버지 할머니랍니다. 진화란 바로 그런 것이거든요. 진화란 생물이 기나긴 세월을 지나면서 새로운 생활환경에 적응하려고 천천히 변하는 것을 말합니다. 그러니까 고래가 어떻게 태어났는지 알려면 녀석이 육지에서 바다로 들어간 길을 따라가 봐야 합니다.

암불로세투스

암불로세투스는 악어처럼 사냥했을 거예요. 얕은 물에 숨어 있다가 먹잇감이 나타나면 덥석 물어버리지요.

몸길이는 **3미터**고요.

다리가 짧고, 삽 모양의 앞발에는 물갈퀴가 달려 있어요. 두꺼운 꼬리를 힘차게 흔들었답니다.

도루돈

도루돈은 돌고래처럼 헤엄을 쳤을 거예요. 물고기를 잡아먹고살았고요. 그래서 육지에 올라가면 꼼짝도 할 수 없었지요.

몸길이는 **5미터**고요.

노처럼 생긴 넓은 가슴지느러미, 아주 작은 뒷발이 달려 있어요. 힘센 꼬리에는 작은 꼬리지느러미가 붙어 있답니다.

약 4,900만 년 전   약 4,000만 년 전

지금 지구에서 사는 고래의 친척들은 약 3,500만 년 전부터 지구의 바다를 누비고 다녔습니다. 녀석들은 이빨이 있었고 넓은 꼬리와 두 개의 분수공이 있었지요. 세월이 흐르는 동안 이 녀석들이 두 종의 고래로 갈라졌습니다. 지금 우리가 만나는 바로 그 두 종의 고래들이에요.

수염고래

수염고래의 학명은 미스티세티(Mysticeti)입니다. 이빨 대신 잘 휘어지는 뿔 판이 잔뜩 붙어 있는데 그 모양이 수염 같아서 수염고래라는 이름이 붙었지요. 녀석은 먹이를 먹을 때 물을 한가득 입속으로 빨아들이는데, 그럼 먹잇감이 그물망처럼 수염에 달라붙게 돼요. 이런 방법으로 녀석은 한꺼번에 엄청난 양의 먹이를 잡아먹을 수 있답니다. 몸집이 제일 큰 고래 종은 전부 수염고래들이에요. 이빨고래와 달리 분수공이 2개이고 먹이를 잡을 때 메아리를 이용하지 않는답니다.

이빨고래

이빨고래는 학명이 오돈토세티(Odontoceti)이고요, 분수공이 한 개밖에 없어요. 원래 분수공이던 곳이 소리를 내거나 듣고서 위치를 알아내는 기관으로 변했거든요. 우리 친구들이 크게 소리를 지르면 메아리가 들리는 것과 비슷한 이치예요. 이런 방법을 반향위치측정(에콜로케이션, echolocation)이라고 부르는데요, 고래는 소리를 내서 그 소리가 물체에 부딪쳐 돌아오면 그것을 듣고 방향을 잡고, 또 어두운 물속에서 물고기나 오징어, 문어를 잡아먹는답니다.

고래는 온 세계의 바다를 누비고 다닙니다. 열대의 바다에도 살고 남극이나 북극 같은 추운 바다에도 살며, 해안 근처의 얕은 바다와 깊은 심해에도 삽니다. 어떤 종은 호수나 강물에서도 만날 수 있고요. 겉모습만 보면 발굽이 달린 그 작은 조상과 완전 딴판이지만 뼈를 보면 고래가 그 조상에게서 진화했다는 사실을 알 수 있답니다.

이것이 몸집 작은 인도휴스의 골격입니다. 녀석의 뼈가 고래의 골격과 얼마나 닮았을까요?

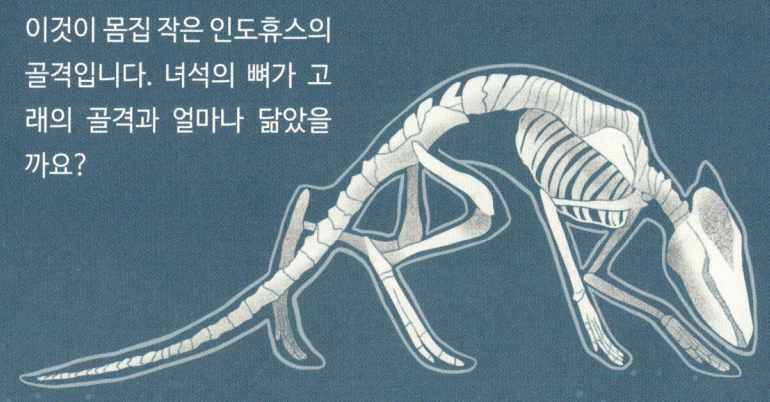

고래의 분수공은 조상의 콧구멍이 진화해서 생겨난 것입니다.

골격에는 등지느러미와 꼬리지느러미가 붙어있지 않아요. 지느러미에는 뼈가 없거든요.

이 작은 뼈는 네 발로 걷던 고래 조상의 뒷다리 뼈에서 남은 조각이랍니다.

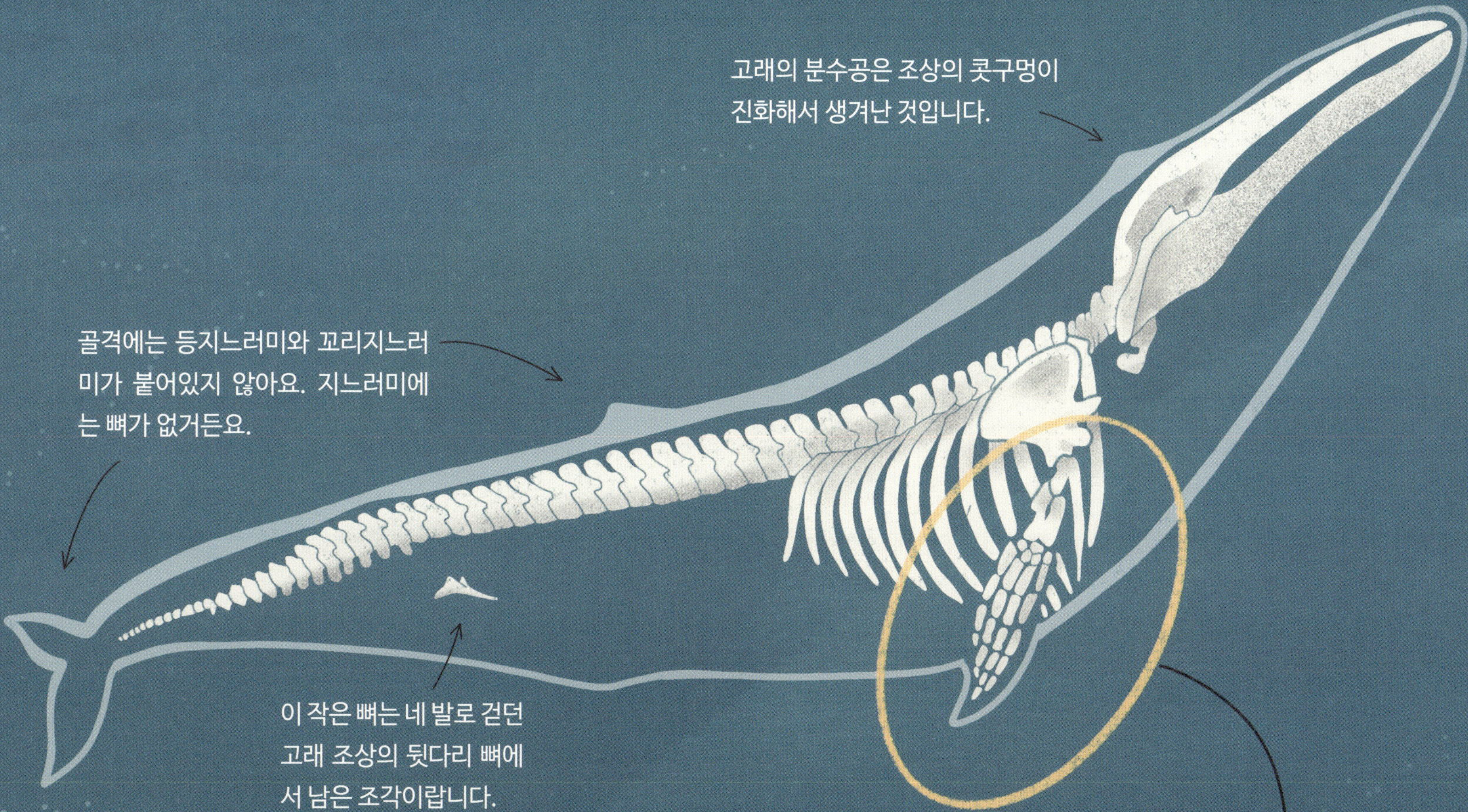

고래의 가슴지느러미는 우리의 팔뼈·손뼈와 똑같이 생겼어요. 고래의 뼈와 사람의 뼈를 하나씩 비교해볼 수 있겠죠?

고래는 물에서 어떻게 살까요?

날씬한 돌고래에서 어마어마하게 큰 대왕고래까지 고래는 종에 따라 생김새도 덩치도 제각각이에요. 하지만 모두가 물에서 잘 산답니다. 고래의 몸은 물에서 살기 좋게 만들어졌거든요.

숨을 쉬어요

고래는 사람하고 달라서 입으로 숨을 쉴 수 없어요. 머리통 위쪽에 분수공이 있는데 그것으로 숨을 쉰답니다. 숨을 쉴 때마다 물 밖으로 나와서 쉬익 분수를 뿜지요. 그 분수는 고래의 숨에 담긴 수증기와 물이에요. 고래는 다시 물로 들어가기 전에 숨을 크게 쉬어 폐를 공기로 가득 채운답니다.

잠수를 해요

고래는 잠수 챔피언이에요. 2,000미터 보다 더 깊이 잠수할 수 있는 고래들이 많거든요. 2,000미터면 우리가 자주 가는 수영장 맨 밑바닥보다 400배나 더 내려가야 해요. 고래는 한 번 내려가면 1시간 이상 숨을 안 쉬어도 물에 있을 수 있어요. 그건 다 고래의 몸이 깊은 바다에서 살기 좋게 생겼기 때문이에요. 고래의 갈비뼈는 잘 구부러지기 때문에 바다의 물이 무거워도 부러지지 않고 휘어집니다. 몸에 기름이 많아서 깊은 바다의 차가운 물에서도 몸이 따뜻하지요. 또 피가 온몸을 돌면서 근육에 산소를 듬뿍 실어 날라주기 때문에 고래는 숨을 참고 있을 때에도 잘 움직일 수 있어요.

잘 들려요

고래는 많은 시간을 깜깜한 깊은 바다에 있기 때문에 소리를 잘 듣는답니다. 음파를 이용해서 먹이를 잡고 길을 찾고 적을 피하고 서로 이야기를 주고받지요. 우리가 욕조에 얼굴을 푹 담그면 소리가 저 멀리서 오는 것처럼 약하게 들리지만 고래는 우리와 달라서 물속에서도 소리를 또렷하게 들을 수 있어요. 소리를 듣는 방법이 우리하고 다르거든요. 고래는 귀의 귓구멍으로 소리를 듣는 게 아니에요. 턱뼈에 기름으로 가득 찬 구멍이 있어서 그것이 음파를 잡아서 머리를 지나 속귀로 건네주지요.

잠을 자요

고래는 숨을 쉬어야 하기 때문에 바다 수면에서 너무 깊이 내려가면 안 돼요. 그래서 잠을 푹 잘 수 없어요. 잠이 들었다가 몸이 가라앉아 버리면 숨 쉬러 바다 위로 올라올 수가 없을 테니까요. 그래도 잠은 자야 하니까 꾀를 내어서 뇌의 반쪽만 잠을 자고 나머지 반쪽은 깨어 있어요. 고래 친구들 중에는 바다 수면에 떠서 깜빡깜빡 조는 녀석도 있고요, 몸을 수직으로 세우고 자는 고래도 있어요. 잠을 자면서 천천히 헤엄을 칠 수 있는 녀석들도 있지요.

잘 보여요

큰 바다의 수면 바로 밑은 햇빛이 비쳐들어 환하답니다. 그래서 거기에서는 물속에 있어도, 물 위에 있어도 주변이 잘 보이겠지요. 하지만 깊이 들어갈수록 사방이 어두워져요. 고래는 동공이 크고 검은데 어두운 곳으로 내려가면 빛을 많이 받으려고 그 동공을 크게 키웁니다. 수면에서 200미터 아래는 수영장 밑바닥보다 40배나 더 깊은 곳이에요. 그 정도 깊은 물에 들어가면 아무리 눈이 밝은 고래도 한 치 앞이 안 보인답니다. 다행히 고래한테는 물밑에서도 길을 찾을 수 있는 특별한 기술이 있지요.

영리한 사냥꾼
범고래

범고래는 학명이 오르카스(Orcas)입니다. 사냥을 할 때 녀석은 소리 내지 않고 조용히 헤엄을 쳐서 먹이를 찾지요. 유선형 몸매에 근육질인 범고래는 빠르고 아주 영리합니다.

가족

범고래는 무시무시한 사냥꾼이지만 가족을 잘 챙기는 다정한 동물이에요. 가족이 한데 모여서 살고 엄마가 가정을 이끌지요. 아들들은 평생 엄마랑 같이 살지만 딸들은 어른이 되면 따로 가정을 꾸린답니다. 어떨 땐 여러 가족이 큰 무리를 지어 같이 다니면서 사냥을 하기도 해요.

알고 있었나요?
범고래는 바다 제일의 사냥꾼이랍니다.

등지느러미 뒤편의 회색 얼룩점은 우리의 지문처럼 범고래마다 모양이 다르답니다. 그래서 학자들은 이 얼룩점과 등지느러미의 주름과 상처를 보고 어떤 녀석인지 구분을 할 수 있어요.

제일 큰 어른 범고래 수컷의 등지느러미는 높이가 자그마치 1미터 80센티미터나 됩니다. 어른 남자 키보다도 크지요.

범고래는 검은 몸에 흰 얼룩점이 찍혀 있어요. 그 점 덕분에 들키지 않고 몰래 먹잇감에게 다가갈 수 있어요.

넓고 둥근 가슴지느러미 덕분에 범고래는 물에서도 가볍게 움직이고 방향을 얼른 바꿀 수 있어요.

무서운 사냥꾼

범고래는 솜씨가 무척 좋은 사냥꾼이랍니다. 무리를 지어서 물개나 돌고래나 다른 고래 같은 바다의 포유류를 사냥하지요. 범고래는 꾀가 무척 많아서 일부러 파도를 일으켜요. 그럼 아무것도 모르는 물개가 얼음덩이에 앉아 있다가 물속에 먹이가 찾아온 줄 알고 물로 풍덩 뛰어들지요. 그래서 범고래는 킬러 고래라고도 부른답니다. 하지만 사람은 잡아먹지 않으니 안심해도 돼요.

범고래는 전 세계에 널리 퍼져 살아요. 그런데 지역에 따라서는 혼자 사는 범고래와 여럿이 사는 범고래가 다른 먹이를 먹고살기도 한대요. 가령 북아메리카의 태평양 해안에 사는 범고래들이 그렇다고 하네요.

고향을 떠나지 않는 "상주(residents)" 범고래는 해안 근처에 살면서 물고기만 잡아먹어요.

무리를 지어 사는 "앞바다(offshore)" 범고래들은 해안에서 멀리 떨어진 바다로 나가 상어를 사냥하지요.

제일 큰 녀석은 몸길이가 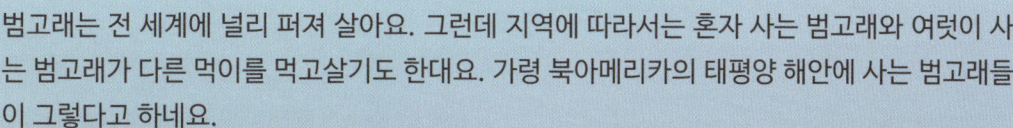 몸무게는 5톤이나 나가요. 9미터이고요.

바다의 경주견
긴수염고래

몸집이 긴 유선형의 긴수염고래는 경주견을 닮은 날쌘돌이예요. 날씬한 몸으로 엄청나게 빨리 달리는 경주견처럼 푸르스름한 회색 빛깔의 긴수염고래는 정말로 날렵하거든요. 긴수염고래는 매일 100킬로미터를 헤엄치는데, 속도가 엄청 빨라서 1시간에 30킬로미터를 달린다고 해요. 올림픽에서 제일 빨리 헤엄친 수영선수보다 3배나 더 빠른 속도지요. 짧은 거리에선 더 빨라서 자그마치 1시간에 50킬로미터를 헤엄칠 수 있어요.

세계를 누비는 방랑자

긴수염고래는 세계 곳곳에서 살아요. 하지만 열대의 강과 추운 북극 바다에서는 보기가 힘들지요. 그래도 수염고래 중에서는 유일하게 지중해에 나타난답니다. 대부분 2마리에서 6마리 정도 작은 무리를 지어 돌아다녀요. 하지만 먹이가 많은 곳에선 우르르 모여들어서 큰 무리를 짓기도 한답니다.

긴수염고래의 등에는 등지느러미에서 꼬리까지 뾰족한 볏이 달려 있어요. 그래서 긴수염고래는 영어로 "레이저백(Razorback)"이라고 불러요. 무슨 뜻이냐고요? "면도날 등"이라는 뜻이에요.

제일 큰 녀석은 몸길이가 **27미터**나 되고요,

목소리가 낮아요

이 세상에 긴수염고래만큼 낮은 목소리를 낼 수 있는 동물은 없답니다. 중얼거리는 녀석의 목소리는 어찌나 낮은지 우리 귀에는 들리지 않을 때도 많아요. 하지만 물속에서는 아주 멀리 떨어져 있어도 잘 들린답니다. 그래서 긴수염고래는 친구하고 몇백 킬로미터 떨어져 있어도 서로 이야기를 나눌 수 있어요.

알고 있었나요?
긴수염고래는 대왕고래 다음으로 세계에서 두 번째로 큰 동물이에요.

뾰쪽하게 생긴 긴 머리통이 몸 전체 길이의 4분의 1이나 된답니다.

대왕고래, 밍크고래, 혹등고래도 그렇지만 긴수염고래도 목구멍에서 배까지 이어지는 긴 피부주름이 있어요. 녀석이 입을 쩍 벌려서 물을 잔뜩 마실 때 이 주름이 쭈욱 늘어난답니다.

긴수염고래의 아래턱의 오른쪽은 밝은 크림색이고 왼쪽은 어두운 회색이에요. 녀석이 물고기 떼한테 밝은 색깔의 턱을 보여주면 물고기들이 기겁해서 서로 다닥다닥 붙는답니다.

제일 무거운 녀석은 몸무게가 **80톤**이나 나가요.

재주꾼 혹등고래

슈육! 덩치 큰 혹등고래가 물에서 높이 솟구쳤다가 어마어마하게 큰 소리를 내면서 수면에 털썩 떨어집니다. 바다의 곡예사 혹등고래는 구르기도 잘하고 물구나무서기도 잘하고 꼬리지느러미를 파닥여서 공중에서 돌기도 하지요.

노래도 잘 불러요

혹등고래는 노래 솜씨도 일품이에요. 가을과 겨울이 되면 수컷들이 오래오래 노래를 부른답니다. 같은 구역에 사는 고래들끼리는 노래를 정해서 같이 부르는데요, 해마다 노래를 바꾸어 부른답니다.

1950년대에 미국의 해양기술자들이 잠수함 소리를 들으려고 수중 청음기를 만들었어요. 그런데 잠수함 엔진 소리는 안 들리고 신비한 멜로디가 오래오래 울리는 거예요. 기술자들은 그 소리를 듣자마자 딱 알았죠. 그것이 혹등고래의 노래였거든요.

혹등고래 꼬리지느러미의 아랫면은 검은색과 흰색이 섞여 있어요. 그런데 그 모양이 사람의 지문처럼 한 마리 한 마리마다 전부 다 달라요.

알고 있었나요?
1970년대엔 혹등고래 노랫소리를 녹음한 레코드가 엄청나게 잘 팔려서 베스트셀러가 되었어요.

혹등고래의 머리통에는 작은 혹들이 붙어 있어요. 그리고 이 혹에서 짧은 털이 자라지요. 이 털은 고양이수염과 비슷해서 주변을 탐지할 수 있어요.

혹등고래는 원래 등에 혹이 없어요. 물로 들어가기 전에 등을 구부리는 데 그게 혹처럼 보여서 붙은 이름이랍니다.

혹등고래의 가슴지느러미는 동물의 세계에서 가장 오래된 신체부위예요. 길이가 제일 긴 것은 5미터나 된다고 해요. 큰 자동차 한 대의 길이와 비슷하지요.

제일 무거운 녀석은 몸무게가 36톤이나 되고요.

제일 큰 녀석은 몸길이가 18미터나 되지요.

수염으로 먹이를 걸러요

한 번 상상해보세요. 컵에 물이 가득한데 우리가 먹으려는 음식이 그 물 위에 떠 있어요. 그럼 음식을 먹으려면 일단 물을 한잔 다 들이켜고 나서 음식만 삼키고 물은 다시 뱉어내야 할 거예요. 그런데 그 물 컵이 우리 친구들만큼 크다면 어떨 것 같나요? 그렇게 상상해보면 배고픈 고래가 어떤 심정인지 짐작할 수 있을 거예요.

입이 엄청나게 크지요

혹등고래나 북극고래 같은 수염고래들은 체망처럼 먹이를 잘 걸러냅니다. 녀석들의 큰 위턱에는 술처럼 생긴 긴 뿔판들이 달려 있는데, 그걸 우리는 수염이라고 부른답니다. 수염고래들은 입을 아주 크게 벌릴 수 있어서 한꺼번에 많은 물을 들이켤 수 있어요. 그럼 그 물에 담겨 있던 물고기도 같이 입속으로 딸려 들어오지요.

고래가 입을 꽉 닫으면 물이 수염을 지나 안쪽으로 밀려들어 가요. 그럼 작은 물고기나 새우들이 그 수염에 걸려 꼼짝도 할 수 없게 되지요.

알고 있었나요?

수염은 튼튼하지만 잘 휘어지는 물질로 만들어졌어요. 그 물질을 케라틴이라고 부르는데요, 우리 머리카락과 손톱도 케라틴으로 만들어진답니다.

공기방울로 물고기를 잡아요

혹등고래는 혼자서도 사냥을 하고 여럿이 모여 사냥을 하기도 해요. 이때 공기방울로 물고기를 한 곳으로 몰아넣는답니다.

어떻게 하느냐고요? 고래들이 물고기 떼를 빙 둘러싸요. 한 마리가 아래로 내려가서 좁은 나선형으로 물고기들 주변을 헤엄치면서 아주 많은 공기방울을 만들지요.

물고기를 습격해요

혹등고래는 꼬리지느러미로 물고기 떼가 몰려 있는 수면을 때려요. 그럼 물고기들이 겁이 나서 서로 다닥다닥 붙겠지요. 그때 고래가 입을 쩍 벌리고 물고기 사이를 쓱 지나갑니다. 그럼 고래 입으로 물고기들이 우르르 들어오지요.

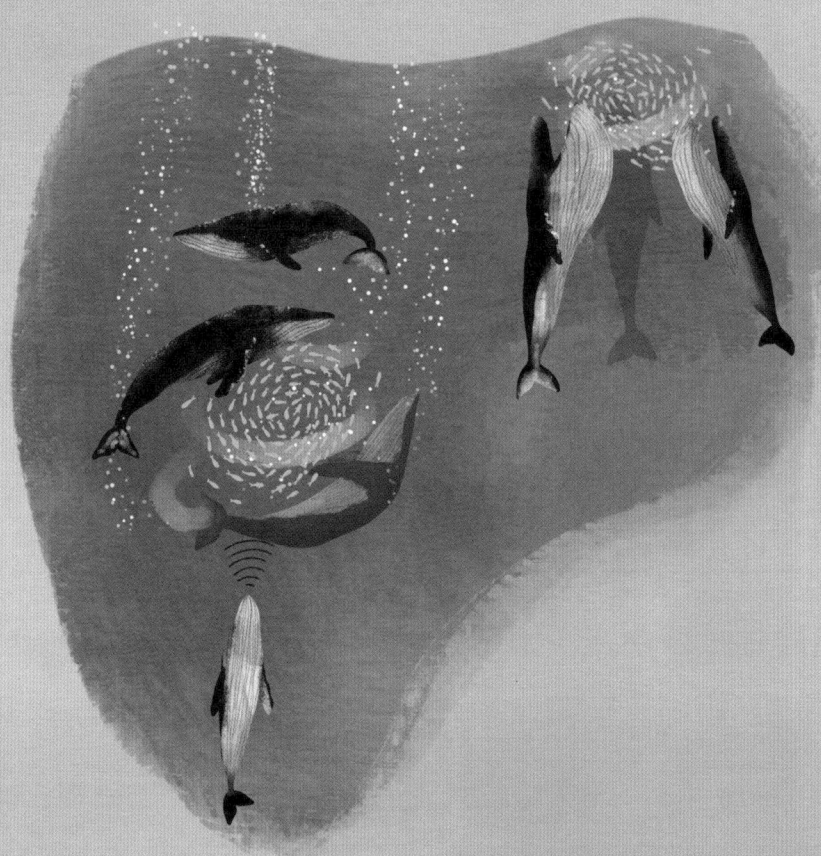

두 번째 고래가 물고기 떼 밑에서 기다리고 있다가 엄청나게 높은 소리를 지릅니다. 그럼 이 소리에 놀란 물고기들이 위로 올라가다가 공기방울 그물망으로 들어가게 되지요. 나머지 고래들이 물고기 떼 주변을 빙빙 돌면서 물고기들을 수면으로 몰아갑니다.

공기방울 그물망이 수면에 도착하면 고래들이 갑자기 아래에서 위로 솟구치면서 물고기 떼를 한꺼번에 삼킨답니다.

바닥을 쓸어서 물고기를 잡아 먹어요

물고기들 중에는 바다 밑바닥에서 무리를 지어 사는 녀석들도 많아요. 귀신고래와 혹등고래가 이 물고기들을 잡아먹고 싶을 때는 바다 깊이 잠수해서 옆으로 누워 입을 크게 벌립니다. 그래서 이 고래들은 머리와 턱에 생채기가 많아요. 바다의 거친 바닥에 닿아 긁힌 상처랍니다.

바다의 카나리아
흰고래

남극에 봄이 왔어요. 얼음이 녹기 시작하지요. 얼음이 깨지면서 얼음덩어리가 둥둥 떠다닙니다. 하지만 자세히 들여다보세요. 하얀 얼음덩어리가 살아 움직이네요. 얼음이 아니라 여름을 남극에서 보내려고 찾아온 흰고래랍니다. 흰고래는 벨루가라고도 부릅니다. 흰고래는 작은 무리를 지어 살면서 함께 사냥도 하고 새끼도 길러요.

눈처럼 하얀 고래

흰고래는 눈처럼 하얀 색깔 때문에 북극곰과 범고래한테 잘 들키지 않아요. 항상 반짝이는 깨끗한 피부를 간직할 수 있는 비결은 해마다 피부갈이를 하기 때문이지요. 피부갈이를 할 때가 되면 모두 모여 강 하구로 몰려갑니다. 그곳은 물이 따뜻하기 때문에 피부가 잘 벗겨지거든요. 흰고래들은 거칠거칠한 자갈이 깔린 강바닥에 몸을 굴립니다. 그럼 죽은 피부가 벗겨지면서 피부에 붙어 있던 따개비나 기생충도 같이 떨어져 나가지요.

흰고래는 등지느러미가 없어요. 덕분에 얼음 밑에 바짝 붙어서 헤엄을 칠 수 있지요. 그래야 숨을 쉬고 싶을 때 얼른 얼음 위로 올라갈 수 있잖아요.

제일 큰 녀석은 몸길이가 4.5미터나 되구요.

다른 고래들과 달리 흰고래는 머리를 오른쪽, 왼쪽으로 돌릴 수 있어요.

머리통이 앞으로 볼록 튀어나온 것은 뼈가 그렇게 생겼기 때문이 아니에요. 그곳에 기름이 잔뜩 들어 있는 기관이 있기 때문이지요. 그 기관을 멜론이라고 부른답니다.

지저귀는 바닷새

새끼 흰고래는 소리가 새와 비슷하기 때문에 "바다의 카나리아"라는 별명이 붙었어요. 짹짹, 끽끽, 삑삑, 척척, 찌륵찌륵, 새끼 흰고래는 온갖 소리로 울지요. 엄마와 아기가 이야기를 나눌 때는 부드럽게 웅얼거리거나 속삭인답니다.

 제일 무거운 녀석은 몸무게가 1.9톤이나 나가요.

알고 있었나요?

방금 태어난 새끼 흰고래는 몸 색깔이 검은 회색이에요. 자라면서 차츰차츰 흰색으로 바뀐답니다.

바다를 가르는 소리

물가에 서 있으면 파도 소리와 새들의 울음소리가 들립니다. 물속 세상은 정말 고요할 것 같아요. 진짜 그럴까요? 물속에도 소리가 넘쳐난답니다. 고래들도 소리를 보태는 멋진 소리꾼들이에요. 물속 세상의 소리는 쓸모없는 것이 없어요. 다 이유가 있어서 내는 소리랍니다.

소리로 앞을 보아요

깊은 바다나 밤이 긴 북극의 바다는 코앞도 보이지 않을 만큼 깜깜하답니다. 그런 곳에서 사냥하려면 어떻게 해야 할까요? 흰고래는 물고기나 새우를 좋아하고요, 바다 밑바닥에 사는 지렁이도 잡아먹어요. 흰고래는 깜깜한 바다에서 먹이를 잡아먹기 위해 다른 수염고래들처럼 메아리를 이용합니다.

고래가 소리를 내려면 호흡기 한쪽에서 다른 쪽으로 공기를 보냅니다. 고래는 1초에도 수백 번씩 소리를 낼 수 있어요.

소리가 물고기 떼처럼 딱딱한 것에 닿으면 튕겨져서 다시 고래한테로 돌아옵니다. 이 메아리를 듣고 고래는 물체의 모양과 크기, 거리를 알 수 있어요. 그것이 물고기처럼 살아 있는 생물인지, 아니면 돌처럼 딱딱한 물건인지도 알아맞히지요.

고래는 머리 앞쪽에 붙은 멜론이라는 기관에서 소리를 냅니다. 멜론의 모양을 바꾸어서 물 속의 물체를 향해 소리를 쏘지요. 소리로 만든 레이저 광선 같아요.

놀기 좋아하는
돌고래

먹이를 잡으러 달려가는 돌고래는 물에서 쑥 나왔다가 얼른 다시 물속으로 들어갑니다. 긴 주둥이, 휘어진 등지느러미, "웃는" 입은 돌고래의 자랑이지요. 돌고래는 전 세계의 바다에 살지만 강에 사는 친구들도 있다고 해요.

친구와 가족

돌고래는 큰 무리를 지어 다닙니다. 어떨 땐 종이 다른 돌고래나 고래들하고도 같이 어울리지요. 이 큰 무리가 저마다 삐삑, 짹짹, 꽥꽥 소리를 지르면 멋진 연주회가 열린답니다. 돌고래는 몸을 이용해 이야기를 나눕니다. 꼬리지느러미로 물을 때리고 가슴지느러미로 서로를 쓰다듬어주지요.

알고 있었나요?
돌고래는 이빨고래 중에서 종이 제일 많답니다.

바다에만 살지 않아요

지도에 적힌 저 넓은 강에 풍덩 뛰어든다면 흙탕물에서 유유히 헤엄치는 돌고래를 볼 수 있을 거예요. 바다에 사는 친구들하고 달라서 이곳의 돌고래는 혼자서 삽니다. 고래들 중에서 담수♥에서 사는 친구는 이곳 강에 사는 돌고래들밖에 없어요.

큰 바다의 곡예사

돌고래는 바다에서 몇 미터 높이까지 쑥 뛰어올라서 공중에서 구르기와 공중제비를 합니다. 꼬리지느러미로 물 위에 서서 뒷걸음질로 물 위를 달리는 녀석도 있지요. 친구 여러 명이 박자를 딱딱 맞추어 멋진 재주를 선보이기도 한답니다. 돌고래 중에서도 제일 재주가 뛰어난 곡예사는 동태평양에 사는 돌고래랍니다. 그래서 녀석들은 스피너돌고래라고도 부르지요. 영어로 "스핀(spin)"이 "빙빙 돌다"라는 뜻이거든요. 몇 번이나 공중회전을 하는지 세어볼까요? 하나, 둘, 셋, 넷, 다섯, 여섯, 일곱! 우와! 일곱 번이나 돌아요.

양쯔강
아마존강
갠지스강

똑똑한 발명가

돌고래는 손이 없어도 도구를 만들 수 있어요. 오스트레일리아에 사는 알락돌고래는 주둥이로 바다 밑바닥의 진흙을 훑어요. 주둥이에 부드러운 진흙이 묻으면 뾰족한 바위와 산호 틈에서 물고기를 집어낼 때 다치지 않거든요. 남방큰돌고래는 물속에 공기를 훅 불어 공기방울을 만들어 장난감으로 가지고 놀아요. 공기방울을 이리저리 밀고 다니고 방울 속으로 쑥 들어갔다가 나오고 서로 공처럼 주고받기도 하지요.

♥ 담수 : 염분의 함유량이 적은 물을 말하며 염수에 대응하는 말이에요.

음악가 북극고래

북극에 오신 것을 환영합니다. 북극은 지구에서 제일 추운 곳이에요. 꽁꽁 언 바다 수면 저 밑에서 북극고래가 거대한 회색 잠수함처럼 왔다 갔다 합니다.

북극고래는 등지느러미도 없고 혹도 없어요. 등이 매끈해서 얼음 밑으로 다니기가 편안하지요.

북극고래는 지방층이 두꺼워서 차가운 바다에서도 체온을 따뜻하게 유지할 수 있어요. 몸통 한가운데 지방층이 제일 두꺼운데, 두께가 60센티미터보다도 더 두껍다고 해요.

북극고래는 위 턱 뼈가 많이 휘어져 있어서 영어로 "보우 헤드(Bowhead)"라고 부른답니다. "활처럼 휜 머리"라는 뜻이에요. 또 북극고래 입은 어찌나 큰지 이 세상에 사는 동물 중에서 입이 제일 크지요.

고래의 노래를 들어요

춥고 깜깜한 겨울에 머리를 북극 바다에 푹 담그고 싶은 사람은 없을 거예요. 그래도 용기를 내서 머리를 집어넣어본다면 정말로 특별한 소리를 들을 수 있을 거예요. 북극고래는 몇 시간 동안이나 노래를 부릅니다. 신음소리, 휘파람 소리, 짖는 소리가 마구 섞인 노래예요. 자꾸 새로운 노래를 작곡하기 때문에 해마다 다른 노래를 부른다고 해요.

얼음을 깨요

북극고래는 북극 바다에서 살아요. 북극고래도 다른 고래들처럼 숨을 쉬려면 물 밖으로 나와야 하지요. 다행히 북극고래는 머리통이 튼튼해서 두꺼운 얼음을 깨고 밖으로 나올 수 있답니다. 학자들은 고래가 소리를 내서 메아리 소리를 듣고서 얼음이 얼마나 두꺼운지 알아낸다고 생각해요. 얼음이 얇은 곳을 두드려야 쉽게 깨질 테니까요.

알고 있었나요?

북극고래는 200살 넘게 살 수 있어요. 지구에 사는 포유류 중에서 제일 오래 사는 동물 중 하나이지요.

제일 큰 녀석은 몸길이가 18미터나 되고요, 제일 무거운 녀석은 몸무게가 90톤이나 되요.

순한 거인 대왕고래

우리 친구들이 돛단배를 타고 바다로 나갔다고 상상해보세요. 바람이 시원하게 불어오고 탁 트인 바다가 아름다워요. 갑자기 깜깜한 바다에서 거대한 물체가 불쑥 튀어나와요. 제일 큰 공룡보다 더 크고 버스보다 더 길며 어른 코끼리 40마리를 합친 것만큼 무거운 물체예요. 저게 무엇일까요? 우리 친구들이 만난 것은 세상에서 제일 큰 동물이에요. 대왕고래죠. 하지만 걱정 마세요. 대왕고래는 사람을 잡아먹지 않아요. 잡아먹기에는 사람이 너무 크거든요.

소리 질러!

대왕고래는 몸집에 맞게 목소리도 우렁차지요. 찰칵, 웅웅, 우왕, 온갖 소리를 낼 수도 있어요. 대왕고래는 180데시빌이나 되는 어마어마하게 큰 소리를 낼 수 있어요. 그 정도면 큰 제트기가 이륙할 때 나는 소리보다 더 시끄럽다고 해요. 그래도 우리 귀에는 잘 들리지 않아요. 길게 이어지는 대왕고래의 울음소리는 너무 낮아서 사람 귀에는 잘 안 들리거든요.

 **알고 있었나요?**
갓 태어난 아기 대왕고래는 어른 코끼리만큼 크답니다.

돌고래

태양이 좋은 바다에 사는 돌고래는 매우 사랑스러운 동물로 기억되고 있어. 그리고 마치 꽃이 활짝 핀 듯 쾌활해. 어리숙한 듯 보이지만 머리가 아주 좋고 친구들과 무리 지어서 장난도 잘 치고 헤엄을 잘 쳐서 멀리까지도 가지. 그리고 물 위로 힘차게 뛰어오르는 장면은 장관이란다.

흑등고래

흑등고래 같은 커다란 몸집을 가진 고래부터 작은 돌고래까지 종류가 다양해. 바다에 사는 생물들 중 가장 크리고 알려진 흑등고래는 플랑크톤이나 작은 물고기들을 먹고 살아.

향유고래

수면 위로 떠올라서 숨을 쉬고 다시 깊은 곳으로 내려가 생활하지. 그리고 종류에 따라서 오징어를 좋아하는 향유고래도 있고 플랑크톤과 작은 물고기들을 먹이로 삼는 친구들도 있단다.

먹이가 풍부한 곳에 있어요

대왕고래는 크릴새우처럼 몸 길이가 아주 작지만 많이 모여 있는 동물이나 작은 물고기 떼를 먹어요. 그래서 수심 깊은 곳이나 연안의 얕은 곳 이야기를 즐기곤 해요. 등등 있어요.

대왕고래는 해파리나 다른 물고기도 먹기도 해요. 짧은 거리를 이동하면서 먹이를 찾을 수 있어요.

먹물 같은 똥을 싸요.

대왕고래는 피투성크를 꽃 물속으로 쏟아나지요. 누군이 고파고 뱉어서 대변이 움직이게 되는 수를 이루어서 피투성크 같은 물이.

하루에 먹는 크릴새우가 29마이크로.

세워 담기 바구니 136통이나 나와요.

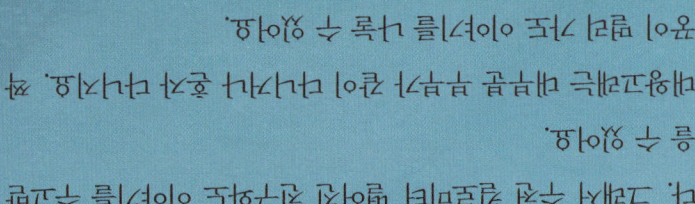

아기는 배가 고파요

아기 대왕고래는 엄마 배에서 매일 200리터의 젖을 먹어요. 대왕고래 엄마의 젖은 영양분이 굉장히 풍부해요. 그것으로 성장을 단숨에 해요. 큰 경우는 200톤을 넘기도 해요. 아기는 하루 몸무게 배운에 태어나서 몇 달 동안은 매일 몸무게가 100kg 로 그렇게 성장해요.

잘 먹어요

대왕고래도 밥을 잘 먹어요. 매일 새우를 몇 톤씩 먹어 치우지요. 새우 떼를 만나면 대왕고래는 입을 크게 벌려서 삼켜 버려요. 그럼 입안 가득 들어간 새우를 속 수염들이 걸러 냅니다. 그리고 싱싱한 새우를 꿀꺽 삼키지요.

대왕고래 몸의 길이는 대략 30m 120미터. 몸무게가 150톤, 120리터의 장신구 만큼이나 무거워요.

바닷새들은 물고기를 잡아서 둥지로 가져가 새끼들에게 먹입니다. 그렇게 바다와 둥지를 오가는 사이에 땅과 물에 똥을 싸지요. 새똥은 육지 식물과 바다 플랑크톤을 키우는 훌륭한 거름이랍니다.

먹이사슬

작은 물고기는 플랑크톤을 먹고 살고, 큰 물고기는 작은 물고기를 먹고 삽니다. 큰 물고기는 다시 고래와 돌고래 같은 큰 동물의 먹이가 되지요. 그래서 잡아먹을 물고기가 많은 곳에는 다양한 종의 동물들이 모여듭니다.

죽은 고래의 몸이 분해되면 그 작은 조각들이 해류를 타고 수면으로 올라가서 플랑크톤의 먹이가 되지요.

신선한 공기가 필요해요

고래는 숨을 쉬지만 육지에선 살 수 없어요. 큰 바다에선 물에 떠서 편안하게 헤엄칠 수 있지만 해변으로 올라오면 몸이 너무 무거워서 꼼짝도 할 수 없거든요. 바다 수면에 몸을 맡기고 둥둥 떠 있으면 정말로 기분이 좋아요.

위험해도 괜찮아요

고래가 물 밖으로 고개를 내밀고 주변을 살펴요. 이걸 "스파이호핑(spyhopping)"이라고 부르지요. 그런데 대부분의 고래는 고개를 이리저리 돌릴 수 없기 때문에 스파이호핑을 하려면 온몸을 세로로 똑바로 세워야 해요. 범고래는 사냥을 하려고 물가에 물개가 있나 살필 때 스파이호핑을 한답니다.

꼬리를 치켜들어요

고래는 꼬리지느러미를 물 밖으로 치켜들었다가 큰 소리를 내면서 파도를 때립니다. 그럼 그 충격으로 물고기가 기절하지요. 또 소리가 워낙 크니까 멀리 있는 친구 고래가 들을 수 있어요.

철썩철썩

고래와 돌고래는 가슴지느러미로 수면을 때립니다. 혹등고래는 등을 물에 대고 드러누워서 기다란 가슴지느러미를 빙빙 돌립니다. 그럼 계속해서 철썩철썩 물을 때릴 수 있거든요.

휙휙 뛰어요

고래가 먹이를 쫓거나 도망을 칠 때는 빨리 헤엄을 쳐야 하기 때문에 수면 근처를 떠나지 않아요. 그래야 자주 숨을 쉴 수 있으니까요. 또 점프를 할 수 있기 때문에 물 밑에서 헤엄치는 것보다 더 빨리 갈 수가 있지요. 급할 때는 물 위를 낮게 뛰어서 속도를 높인답니다.

파도를 때려요

고래가 몸을 세로로 세워서 물 밖으로 나오는 것을 "브리칭(breaching)"이라고 합니다. 고래는 높이 솟았다가 엄청난 소리를 내며 털썩 물에 떨어지지요. 그럼 충격파가 생기고 멀리 있던 다른 고래들이 그 소리를 들을 수 있어요. 고래가 물 밖으로 솟았다 다시 물로 들어가는 이유 중에는 목욕도 있어요. 다시 물로 들어갈 때 몸에 붙어 있던 따개비나 빨판상어가 뚝 떨어지거든요.

세상에서 제일 큰 슈퍼 두뇌
향유고래

피부가 쪼글쪼글하고 큰 머리통이 정사각형인 고래를 보았다면 우리 친구들은 정말 운이 좋은 거예요. 지구에서 제일 덩치가 큰 동물 중 하나인 향유고래를 만난 것이니까요. 향유고래는 두뇌가 제일 큰 동물이에요. 사람을 공격하지는 않지만 여러분이 어느 날 오징어가 된다면 향유고래를 조심하는 게 좋을 거예요. 가만히 있다가는 녀석이 와서 날름 여러분을 잡아먹어 버릴 테니까요.

암호가 있어요

향유고래는 로켓을 발사할 때 나는 소리만큼 큰 소리를 낸답니다. 친구들이 서로를 부를 때는 정해진 순서대로 소리를 내지요. 그것을 "코다(coda)"라고 부른답니다. 향유고래는 무리마다 자기들만 아는 "코다"가 따로 있어요.

제일 큰 녀석은 몸길이가 17미터나 되고요,

제일 무거운 녀석은 몸무게가 **41톤**이나 되지요.

엄마들끼리 서로 도와요

향유고래는 많을 땐 스무 마리까지 무리를 지어서 살아요. 몇 명이 수면에서 아기들을 보살피는 동안 남은 엄마들이 먹이를 구하러 가지요. 적이 아기를 잡아먹으려고 하면 엄마들이 꽃 모양으로 빙 둘러싸서 아기를 보호합니다.

알고 있었나요?

향유고래는 이빨고래 중에서 제일 몸집이 큽니다. 그래서 이빨이 있는 동물 중에서 세계 최고의 덩치를 자랑한답니다.

쓸모 있는 기관

향유고래는 두뇌가 크기도 하지만 그 안에 큰 기관이 들어 있어요. 그 기관에는 고래왁스라고도 부르는 왁스 비슷한 기름이 가득 들어 있지요. 덕분에 고래는 소리를 잘 모을 수 있어서 메아리 소리를 듣고 먹이를 잡거나 친구와 이야기를 나눌 수 있어요.

향유고래는 엄청나게 큰 꼬리지느러미를 헤엄을 치거나 적의 공격을 막는 데 사용해요.

향유고래의 분수공은 머리 왼쪽 편에 붙어 있어요.

향유고래는 머리통이 몸길이의 3분의 1을 차지합니다.

향유고래는 등지느러미가 작아서 물속 깊이 들어갈 때 몸에 딱 붙일 수 있어요.

아래턱에는 이빨이 촘촘히 붙어 있는데요, 이빨 길이가 긴 것은 20센티미터나 되지요.

고래 연구

학자들이 우리 친구들을 연구하겠다고 해놓고 코만 조사하면 어떻게 될까요? 코만 연구해서 여러분들이 누구인지, 뭘 좋아하는지 알 수 있을까요? 고래를 연구할 때도 마찬가지예요. 수면에 올라온 고래를 관찰하는 것도 중요하지만 물속도 들여다 봐야 해요.

이게 무슨 냄새야?

학자들은 그물을 쳐서 고래가 뿜어내는 분수와 고래 똥을 모아 연구합니다. 이런 샘플은 냄새가 좋지는 않지만 고래가 뭘 먹는지, 얼마나 건강한지를 알려주는 소중한 자료가 되지요. 또 개를 훈련시켜서 수면에 떠 있는 고래 똥을 찾는 학자들도 있어요.

소리를 찾아요

수중청음기를 이용하면 고래의 소리를 들을 수 있어요. 그래서 고래가 어떻게 서로 이야기를 나누는지 알아낼 수 있지요. 또 수중청음기를 이용하면 고래가 언제 어디서 소리를 내는지 알 수 있기 때문에 고래가 어떤 길로 다니는 지도 알 수가 있어요.

수족관

돌고래와 쇠돌고래를 수족관에 넣어두고서 연구를 하는 학자들도 있어요. 아주 가까이에서 매일 관찰할 수 있기 때문에 돌고래가 어떻게 어울려 사는지, 어떤 놀이를 하는지, 어떻게 이야기를 나누는지, 메아리를 어떻게 이용하는지 연구하기가 쉽거든요. 하지만 그런 짓을 하면 안 된다고 생각하는 학자들도 많아요. 고래를 가족과 헤어지게 만들고, 영리하고 활동적인 야생동물을 가족과 생이별시켜 작은 통에 가두는 짓은 잘못이라고 생각하기 때문이지요.

잠수의 달인
민부리고래

잠수 세계 챔피언 동물과 잠수 시합을 해볼 생각이 있나요? 그럼 숨을 깊게 들이쉬고 민부리 고래와 함께 큰 바다의 신비한 깊은 물 속으로 뛰어들어보세요. 민부리고래는 물속에 2시간 넘게 있으면서 문어와 물고기를 사냥할 수 있어요. 우리 친구들은 어떤가요? 아마 벌써 숨이 차서 물 밖으로 뛰쳐나왔을 거예요.

특별한 숨쉬기 기술

잠수를 하려면 물로 들어가기 전에 먼저 숨을 크게 들이쉬어야 하지요. 그렇지만 민부리고래는 거꾸로 한답니다. 물로 뛰어들기 전에 폐에 있던 공기를 거의 다 빼버리지요. 몸에 공기가 가득 차 있으면 몸이 자꾸 위로 둥둥 뜨거든요. 공기가 없으면 몸이 얼른 가라앉기 때문에 물속 깊이 들어가기 위해 일부러 에너지를 쓰지 않아도 되지요. 민부리고래는 공기 중에 있는 산소를 폐로 밀어 넣지 않고 근육에 있는 산소를 이용한답니다.

제일 큰 녀석은 몸길이가 **7미터**나 되고요,

제일 무거운 녀석은 몸무게가 **2.5톤**이나 되지요.

저 아래로 깊이

민부리고래는 바다 밑으로 1~2킬로미터까지 내려갈 수 있어요. 자그마치 3킬로미터 깊이에서 민부리고래를 본 적도 있다고 해요. 포유류가 그렇게 깊은 곳까지 내려갈 수 없다고 생각했지만 우리 생각이 틀렸어요.

저 먼바다에서 살아요

민부리고래는 부리고래들 중에서도 제일 여러 지역에서 사는 종이에요. 그런데도 보기가 참 힘들어요. 해안에서 멀리 떨어져 물이 깊은 곳에서만 살기 때문이죠.

다 자란 수컷은 머리와 등이 상처투성이예요. 아마 다른 수컷의 엄니에 다친 상처일 거예요. 그래서 학자들은 상처 모양만 보고도 고래를 한 마리씩 구분할 수가 있어요.

다른 이빨고래처럼 민부리고래도 분수공이 하나밖에 없어요.

민부리고래는 옆구리에 작은 홈이 있어서 물속으로 들어갈 때 짧은 가슴지느러미를 바지 주머니에 집어넣듯 그 홈 안에 쏙 집어넣을 수 있어요.

민부리고래는 이빨고래에 속하지만 이빨이 거의 없어요. 다 자란 수컷은 아래턱에 2개의 엄니만 있고, 암컷과 아기들은 아예 이빨이 하나도 없어요.

알고 있었나요?
민부리고래는 이빨이 없기 때문에 먹이를 씹을 수 없어요. 그래서 물고기나 오징어를 물과 함께 훌쩍 들이마셔서 한입에 꿀꺽 삼켜버리지요.

아기 키우기

엄마 고래는 아기를 가슴지느러미로 쓰다듬어줍니다. 있는 힘을 다해서 정성껏 아기를 보살피고 보호하지요. 앞으로 아기가 큰 바다에서 살아가려면 배울 것이 참 많습니다. 위험한 일도 많을 거고요. 하지만 걱정 마세요. 아이가 자라서 튼튼해질 때까지 엄마가 옆에서 잘 지켜줄 테니까요.

아기를 데리고 가요

우리가 아기였을 때 칭얼거리면 어른들이 품에 안아주었어요. 엄마 고래는 팔이 없어서 아기를 안아줄 수 없지만 잘 데리고 다닐 수는 있어요. 엄마 고래가 헤엄을 치면 몸이 크니까 해류가 생깁니다. 아기 고래가 엄마 뒤에 바짝 붙어 있으면 그 해류 덕분에 저절로 엄마를 따라 떠내려가지요. 그럼 엄마가 헤엄을 치는 동안 아기는 엄마 뒤에서 잠을 잘 수도 있고 젖을 먹을 수도 있어요.

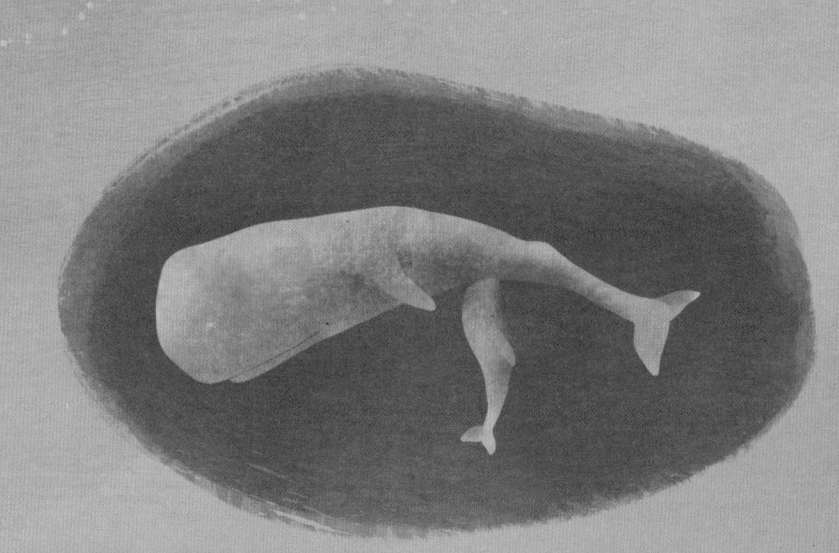

태어나자마자 헤엄을 쳐요

아기 고래는 물 밑에서 태어납니다. 그래서 얼른 수면으로 올라가서 숨을 쉬어야 해요. 고래는 엄마 배에서 나올 때 꼬리지느러미부터 나오거든요. 그래서 바로 헤엄을 칠 수가 있어요.

엄마젖

고래의 젖에는 지방이 많이 들어 있어서 그 젖을 먹으면 아기의 몸에 지방층이 쑥쑥 생긴답니다. 하지만 갓 태어난 아기 고래는 엄마 젖을 먹을 시간이 별로 없어요. 얼른 숨을 쉬러 수면으로 올라가야 하거든요.

알고 있었나요?
엄마 고래는 아기를 키울 때 다른 암컷 고래의 도움을 많이 받는답니다. 엄마가 먹이를 구하러 간 사이에 다른 암컷 고래들이 대신 아기를 봐주고 먹을 것도 나누어 주거든요.

쉿!

대부분의 고래는 아주 큰 소리를 낼 수 있어요. 물 밑에서 그 소리가 멀리멀리 퍼져나가기 때문에 멀리 떨어져 있어도 서로 이야기를 주고 받을 수 있지요. 하지만 위험한 적도 그 소리를 듣고 고래를 공격할 수 있겠지요. 그래서 엄마 고래와 아기 고래는 속삭이듯 아주 나지막한 소리로 이야기를 주고 받는답니다.

조심!

배고픈 범고래가 먹이를 찾아다닙니다. 아기 고래를 엄마한테서 떼어놓으면 쉽게 아기를 잡아먹을 수 있을 거예요. 그래서 엄마 고래는 아기가 혹시 딴 곳으로 갈까 봐 하루 종일 아기를 살피고 보호하지요. 어떨 땐 아기를 등에 태우고 다니기도 합니다. 그럼 범고래가 가까이 오지 못하거든요.

날쌘돌이 쇠돌고래

쇠돌고래 한 무리가 바다를 가르면 매끈한 피부가 햇빛을 받아 반짝입니다. 녀석들이 풀쩍 뛰어올라 숨을 들이쉬고는 얼른 다시 물로 들어갑니다. 멀리서 보면 돌고래 같지만 가까이 가서 자세히 보면 돌고래와 다른 점이 많아요.

무엇이 다를까요?

쇠돌고래는 돌고래처럼 이빨고래예요. 또 둘 다 빠르고 활달하고 영리하지요. 그래도 다른 점이 많아요.

머리 : 쇠돌고래는 주둥이와 입이 작아요. 돌고래는 주둥이가 길고 입이 넓지요.

이빨 : 쇠돌고래는 이빨이 주걱 모양이에요. 돌고래는 원뿔 모양이고요.

몸 : 쇠돌고래는 몸이 짧고 통통해요. 돌고래는 길고 날씬하지요.

등지느러미 : 쇠돌고래의 등지느러미는 작은 삼각형 모양이에요. 돌고래는 갈고리 모양이거나 휘어졌지요.

먹성이 좋아요

쇠돌고래는 한시도 가만히 있지 않고 바삐 움직이기 때문에 금방 배가 고파요. 그래서 많이 먹을 때는 한 시간에 작은 물고기를 500마리나 먹어 치운답니다. 계산해보면 1분에 거의 10마리를 먹는 셈이에요.

양쯔강돌고래는 세계에서 유일하게 담수에서 사는 쇠돌고래예요. 등지느러미가 없고 대신 등에 나지막한 볏이 돋아나 있지요.

제일 큰 녀석은 길이가 **2미터**나 되고요 몸무게도 **0.8톤**이나 되지요.

알고 있었나요?

쇠돌고래 과에는 고래 중에서 제일 작은 몇 종이 포함된답니다.

위장전술

작은곱등돌고래라고도 부르는 쥐돌고래는 등이 짙은 회색이고 배는 흰색이에요. 바다에 사는 동물들과 다른 고래들도 비슷하지요. 몸 색깔이 이러면 적의 눈에 잘 띄지 않아요. 위에서 보면 회색 등이 바다 색깔하고 구분이 잘 안 되고요, 밑에서 보면 하얀 배가 햇빛을 받아 환해진 물과 구분이 잘 안 되거든요.

높은 목소리

쇠돌고래는 돌고래와 달라서 말이 많지 않아요. 그래도 친구들하고 소리로 이야기를 나누지요. 하지만 목소리가 너무 높아서 우리 귀에는 들리지 않아요. 쇠돌고래도 먹이를 잡을 때 메아리를 이용한답니다.

바키다돌고래는 쇠돌고래 중에서 크기가 제일 작아서 다 자란 어른의 몸길이도 1.5 미터밖에 안 되지요. 1.5미터면 우리 친구들이 누워서 자는 침대보다도 작아요. 또 남은 개체수도 제일 적다고 해요.

제일 큰 녀석이 몸길이가 **1.5미터**, 몸무게가 **0.7톤**이에요.

까치돌고래는 쇠돌고래 중에서 제일 빠르게 헤엄을 칩니다. 지나가는 보트를 보면 다가가서 점프도 하고 보트가 일으킨 물결을 따라가며 놀기도 하지요.

제일 큰 녀석이 몸길이가 **2.3미터**, 몸무게가 **0.1톤**이에요.

여행 전문가
귀신고래

봄에 남미 서해안에서 바다를 바라보면 숨을 쉬러 수면으로 올라온 귀신고래가 뿜어내는 나지막한 하트 모양의 분수를 볼 수 있을 거예요. 하지만 녀석을 향해 아무리 열심히 손을 흔들어도 녀석은 절대로 가던 길을 멈추고 우리에게 "안녕"하고 인사를 건네지 않을 거예요. 우람한 수영선수 귀신고래는 평생 여행을 하느라 바쁘거든요.

알고 있었나요?
여행 신기록을 올린 귀신고래가 있답니다. 무려 22,000킬로미터를 헤엄쳤다고 해요. 그 정도면 지구를 반 바퀴 돈 거나 마찬가지예요.

귀신고래의 아기는 엄마 옆에 딱 붙어서 다니는데 어떨 때는 엄마 등이나 꼬리에 올라타지요. 아기는 아직 몸에 따개비나 고래이♥가 붙어 있지 않아서 피부가 회색이에요.

♥ 고래이 : 고래따개비처럼 고래하목에게 기생해서 살아가는 단각류. 이빨고래와 수염고래를 가리지 않고 기생한다.

제일 큰 녀석은 몸길이가 15미터나 되고요, 몸무게는 36톤이나 되지요.

귀신고래 피부에는 따개비나 고래이가 많이 붙어 있어요. 이 작은 생물은 고래 피부에 붙어서 고래가 바다를 헤엄칠 때 물에 떠다니는 먹이를 잡아먹고살아요.

귀신고래는 주둥이가 길고 좁아서 먹이를 많이 먹을 수 있어요.

귀신고래는 주둥이와 턱에 수염처럼 생긴 뻣뻣한 짧은 털이 붙어 있어요. 그 털로 바다 밑바닥에 뭐가 있나 알아낼 수 있어요.

귀신고래의 수염은 뻣뻣하고 짤막해요. 그래서 바다 밑바닥에서 먹이를 찾을 때도 바위틈에 끼지 않아요.

야성적이에요

물이 얕은 곳에서 바다 밑바닥을 살펴보면 진흙에 큰 입 자국이 찍혀 있어요. 그건 귀신고래가 먹이를 잡아먹으면서 남긴 자국이에요. 대부분의 수염고래들은 먹이를 먹을 때 물을 많이 들이켜요. 귀신고래는 더 야성적이어서 바다 밑바닥으로 내려가서 옆으로 누워 진흙을 빨아들이지요. 입을 닫으면 진흙은 다시 흘러나오지만 그 안에 있던 먹잇감들은 수염에 걸려 잡아먹히고 말지요.

방랑하는 고래

귀신고래만큼 여행을 많이 하는 동물은 없을 테지만 다른 고래들도 먼 길을 헤엄쳐 다니기는 마찬가지랍니다. 이것을 고래의 이동이라고 불러요. 고래는 평생 큰 바다를 헤엄치면서 먹이를 구하고 새끼를 기르기에 제일 좋은 장소를 찾지요. 고래는 어느 계절에 우리를 찾아올까요? 고래는 지금 어디쯤 왔을까요?

따뜻한 바다와 차가운 바다를 오가요

아기 고래는 아직 지방층이 두껍지 않아서 추운 곳에서 오래 못 버텨요. 그래서 따뜻한 물이 있는 곳을 찾아야 해요. 그런데 물이 따뜻한 곳에는 어른 고래들이 먹을 식량이 많지 않지요. 어떻게 하면 좋을까요? 하는 수 없이 고래는 왔다 갔다 합니다. 아기를 키우기 좋은 따뜻한 바다와 먹이가 많은 차가운 바다를 헤엄쳐 오가는 것이지요.

1월과 2월

귀신고래는 따뜻하고 안전한 멕시코만 해안에서 아기 고래를 낳습니다. 물이 얕아서 범고래 같은 천적이 다가올 수가 없지요. 또 따뜻한 물에는 소금이 아주 많아요. 그래서 물에 잘 뜨기 때문에 지방층이 두껍지 않은 아기 고래도 쉽게 헤엄을 칠 수 있어요.

3월과 4월

수컷 어른들이 북쪽으로 먼저 출발합니다. 엄마 고래는 조금 더 기다려야 해요. 아기 고래가 북쪽까지 먼 길을 가려면 힘을 길러야 하니까요.

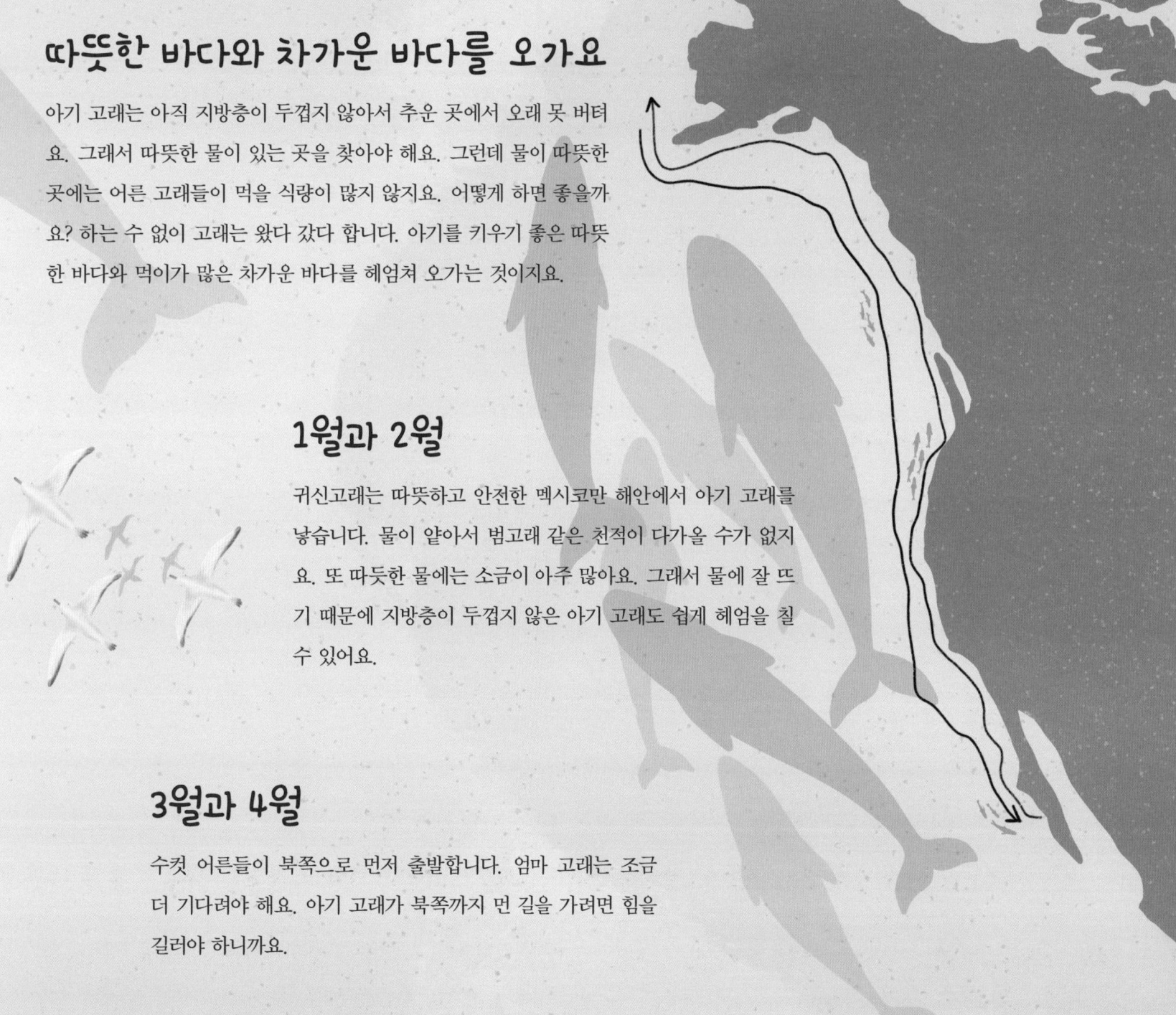

5월과 6월

먼저 떠난 귀신고래들이 차가운 북쪽 바다에 도착합니다. 얼음은 녹고 바다에는 먹이가 정말 많아요. 엄마 고래와 아기 고래도 북쪽을 향해 출발했답니다.

7월과 8월

온 가족이 전부 북극 바다에 모였어요. 이제 북러시아와 알래스카 주변 바다에 귀신고래가 우글우글합니다. 귀신고래만이 아니에요. 북극고래, 혹등고래, 밍크고래, 다른 고래들도 물고기를 먹기 위해 북극 바다로 몰려들지요.

9월과 10월

다들 실컷 먹었어요. 다가오는 겨울을 무사히 나려면 지방층을 두둑이 채워야 해요. 이곳을 떠나면 귀신고래는 이듬해 봄에 다시 돌아올 때까지 아주 조금씩만 먹어요.

11월과 12월

귀신고래가 다시 따뜻한 바다로 길을 떠납니다. 이번에는 새끼를 밴 엄마 고래들이 먼저 앞장을 서지요. 얼른 따듯한 곳으로 가야 아기를 낳을 수 있으니까요.

이동하는 밍크고래

날쌘한 밍크고래가 보트 옆으로 다가와 고개를 내밀고 숨을 쉬어요. 보트에 탄 사람들이 우르르 녀석을 보려고 달려가면 어느새 감쪽같이 사라져 버리지요. 밍크고래는 좀처럼 얼굴을 보여주지 않아요. 그래도 가끔 호기심이 많은 녀석들이 있어서 보트 코앞까지 다가오기도 한답니다.

밍크고래의 이동 지도

밍크고래는 두 종이 있어요. 북방 밍크고래와 남방 밍크고래가 있거든요.

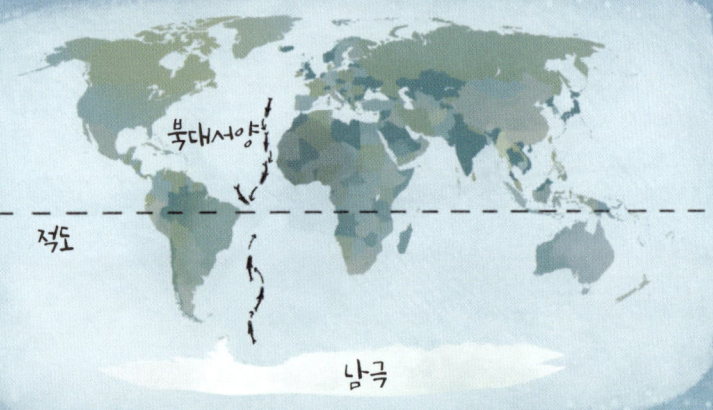

겨울에는 두 종 모두 적도의 따뜻한 바다로 와서 아기를 키워요. 하지만 둘이 만나지는 못해요. 북쪽이 겨울일 때는 남쪽이 여름이고 남쪽이 겨울일 때는 북쪽이 여름이거든요. 그래서 서로 다른 시기에 이동을 한답니다.

북방밍크고래는 가슴지느러미에 하얀 얼룩이 있어서 꼭 완장을 차고 있는 것 같아요. 남방밍크고래는 그런 얼룩이 없답니다.

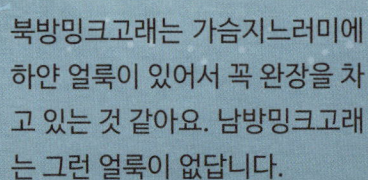

제일 큰 녀석은 몸길이가 10미터나 되고요,

고래 분수

바다에서 고래를 보고 싶으면 눈과 귀를 활짝 열어야 해요. 큰 소리를 내며 김처럼 솟구치는 물기둥이 있나 살펴야 하거든요. 하지만 밍크고래의 분수는 잘 보이지 않아요. 밍크고래는 물속에서부터 숨을 내쉬기 때문에 분수가 낮고 소리도 잘 들리지 않거든요.

밍크고래는 떠다니는 얼음덩이와 얼음판 밑에서 먹이를 찾아요. 뾰쪽한 주둥이로 얼음을 뚫어서 숨을 쉴 수 있거든요.

알고 있었나요?

밍크고래는 수염고래 중에서 제일 몸집이 작아요.

몸무게는 9톤이나 되지요.

보기 힘든 바다의 왕자
참고래

수천 년 전부터 사람들은 세계 곳곳에서 고래를 사냥했습니다. 고래 한 마리만 잡으면 온 마을이 1년 동안 먹고 살 수 있었지요. 17세기에는 고래를 사냥하면 돈을 많이 벌 수 있어서 너도 나도 고래 사냥에 뛰어들었습니다. 고래 고기와 고래기름, 튼튼한 고래수염을 찾는 사람이 많았거든요.

특히 참고래가 많이 잡혔습니다. "참"고래라는 이름은 아마도 녀석이 "진짜" 사냥감이었기 때문에 붙었을 거예요. 다행히도 요즘엔 그런 무지막지한 고래사냥이 사라졌지만 그동안 너무 많은 참고래가 죽었기 때문에 보기가 힘들어졌어요.

참고래는 세 가지 종이 있습니다. 북대서양참고래, 북태평양참고래, 남방참고래로 나눌 수 있어요. 북태평양참고래는 정말로 숫자가 적어서 거의 볼 수가 없어요. 북대서양참고래와 남방참고래는 대서양 서쪽 해안 지역에서 많이 볼 수 있어요. 다른 수염고래들처럼 참고래도 가을과 겨울에는 따뜻한 바다에서 살고 봄과 여름에는 추운 지방에서 살아요.

참고래의 꼬리지느러미는 크고 V자 모양이에요.

알고 있었나요?
참고래는 보통 혼자 아니면 작은 무리를 지어 다니지만 어떨 땐 큰 무리를 짓기도 해요. 많을 땐 40마리가 모여서 다니기 때문에 정말 정신이 없어요.

제일 큰 녀석은 몸길이가 **17미터**나 되고요.

어떤 참고래 머리에는 혹이 달렸는데, 알고 보면 피부가 뭉쳐서 생긴 것이에요. 혹 모양은 한 마리 한 마리가 다 달라요.

참고래는 배에 하얀 점이 찍혀 있는데, 한 마리 한 마리가 다 모양이 달라요.

참고래는 아래턱이 넓고 휘어져 있어서 먹이를 먹을 때 입을 벌려서 수면의 물만 떠 마실 수 있어요.

몸무게는 80톤이나 나가지요.

고래와 인간

인간과 고래는 오랜 세월 동안 함께 살았습니다. 사이좋게 살았던 시절도 있었지만 가슴 아픈 이야기도 많답니다.

저 북쪽에 사는 사람들은 수천 년 전부터 고래를 잡았지요. 농사를 지을 땅도 없고 가축을 키울 수도 없고 나무도 자라지 않는 추운 곳이다 보니 고래가 거의 유일한 식량이었거든요. 또 튼튼하고 긴 뼈로는 도구를 만들 수 있고 집도 지을 수 있었어요.

다른 고장에선 사람과 돌고래가 서로 도와서 물고기를 잡았어요. 돌고래가 물고기를 그물이 있는 쪽으로 몰아주면 사람이 그 물고기를 잡고, 남은 물고기는 돌고래가 먹어 치웠지요.

세계 곳곳에서 사람들은 고래의 지방으로 등잔불을 켰어요. 잘 휘어지는 긴 수염은 코르셋이나 숙녀들이 입는 넓은 치마의 뼈대로 쓰기도 했고 우산살로 사용하기도 했지요.

고래가 쓰임새가 많다 보니 너도나도 앞 다투어 고래를 잡으러 갔어요. 큰 배와 거대한 작살로 고래를 마구잡이로 잡아서 엄청나게 많은 고래를 죽였답니다. 1950년대까지도 고래잡이는 계속되었지요. 그래서 많은 고래 종이 사라질 위기에 처했습니다.

사람들은 차츰차츰 고래가 얼마나 영리하고 멋진 동물인지 깨달았어요. 그래서 1908년대부터는 많은 나라가 고래잡이를 금지했지요. 식량으로 아주 조금만 잡을 수 있게 허락한답니다.

덕분에 사라졌던 고래들이 다시 돌아왔어요. 하지만 여전히 보기 힘든 고래들도 많답니다. 어떻게 하면 고래를 도울 수 있을까요? 학자들이 열심히 연구를 하고 있지만 아직도 우리는 고래에 대해 아는 것이 많지 않답니다. 어쨌든 전 세계에서 고래 관광이 인기를 끌고 있어요. 고래를 아끼고 사랑하는 사람들이 많으니까 앞으로는 인간과 고래가 지금보다 더 행복하게 함께 어우러져 살 수 있을 거예요.

바다의 유니콘
일각고래

옛날에 유니콘의 뿔을 팔러 다니는 장사꾼들이 있었습니다. 그 신비한 유니콘 뿔을 갖기 위해 돈 많은 부자들이나 왕들이 어마어마한 돈을 내놓았지요. 하지만 진실을 아는 사람은 별로 없었습니다. 북극 학자 몇 명과 유니콘 뿔을 파는 영악한 장사꾼들만 진실을 알았지요. 그 용수철 모양의 긴 뿔이 사실은 북극에 사는 일각고래의 뿔이라는 사실을 말이에요.

정말로 특별한 이빨

갓 태어난 일각고래 아기는 이빨이 딱 두 개밖에 없어요. 수컷들은 그 둘 중 오른쪽 이빨은 잇몸에 그대로 남아 있고 왼쪽 이빨만 창처럼 길게 자라 엄니가 됩니다. 엄니는 죽을 때까지 계속 자라서 윗입술을 뚫고 나오지요. 암컷들 중에도 엄니가 자라는 녀석이 있는데 하나가 자라기도 하고 둘 다 자라기도 합니다.

북극에 사는 고래들이 다 그렇듯 일각고래도 등지느러미가 없어요.

일각고래는 코에 긴 창을 달고 다니기 때문에 헤엄치기가 쉽지 않아요. 그래서 휘어진 가슴지느러미를 힘껏 저어서 앞으로 나아간답니다.

제일 큰 녀석은 몸길이가 5미터이고요, 몸무게는 1.9톤이지요.

알고 있었나요?

일각고래의 엄니는 3미터까지 자랄 수 있어요. 우리 친구들의 이빨보다 500배는 더 길어요.

예민한 더듬이

엄니는 무기처럼 생겼지만 사실은 더듬이예요. 우리 친구들의 이빨은 속에 있는 신경을 보호하려고 겉이 딱딱하지만 일각고래의 엄니는 거꾸로에요. 속은 딱딱하고 바깥은 예민해서 온도, 수압, 물속의 작은 움직임을 느낄 수 있어요. 또 엄니로 먹잇감을 때려 기절시킬 수도 있어요.

이 닦기

일각고래 두 마리가 물 밖으로 머리를 내밀고 서로 엄니를 부비지요. 이것을 "터스킹(tusking)"이라고 부릅니다. 서로의 엄니에 붙은 작은 바다 식물이나 따개비를 떼어 주려는 것 같아요.

일각고래의 아기는 몸 색깔이 회색이에요. 나이가 들면 배의 색깔이 옅어지고 옆구리와 등에 하얀 점과 줄무늬가 생기지요. 나이가 정말로 많은 일각고래는 몸이 거의 흰색이랍니다.

물 밑에도 수많은 생명이 살고 있어요

우주에서 지구를 내려다보면 아름다운 파란색 공처럼 보입니다. 지구 표면의 4분의 3이 물로 덮여 있기 때문이지요. 태평양 하나만 해도 육지 전체를 다 합친 것보다 넓거든요. 반짝이는 바닷물은 위에서 내려다보면 그냥 물뿐인 것 같지만 사실 그 물밑에는 생명이 가득하답니다.

대서양

남극 바다

물 밑 세상

바다 밑은 육지하고 똑같아요. 높은 산도 있고 낮은 골짜기도 있고 넓은 평야도 있고 깊은 계곡도 있지요. 산호초 무리가 수천 킬로미터를 넘어 멀리멀리 뻗어 있고요. 또 갈라진 밑바닥 땅에서는 지구 내부의 저 깊은 곳에서 부글부글 끓는 물이 솟아 나온답니다. 이 물 밑 세상에는 정말로 온갖 동물이 살고 있어요. 고래의 먹잇감이 되는 물고기와 크릴새우도 살고 있지요.

유리 탑

해면이라고 해서 다 부들부들해서 꾹 누를 수 있는 것은 아니에요. 딱딱하고 거칠거칠한 것들도 많지요. 해면은 산호처럼 작은 동물들이 모인 큰 무리예요. 그중에는 뼈대가 규산으로 이루어진 해면 종도 있지요. 규산은 유리를 만드는 물질이에요. 이 유리 해면은 탑을 쌓는데 그 높이가 8층 집만 하답니다.

해류를 따라 헤엄쳐요

지구를 끌어당기는 달의 힘과 지구의 자전, 기온의 변화는 바닷물을 움직이게 하지요. 밀물과 썰물에 맞추어 바다 곳곳의 바닷물 높이가 오르락내리락합니다. 또 많은 지역에서는 큰 해류가 흘러서 물건을 실어 옮기는 컨베이어 벨트처럼 작은 동물들을 저 멀리까지 실어 갑니다. 해류는 에스컬레이터처럼 위아래로도 움직일 수 있기 때문에 깊은 바다에 있는 먹잇감을 수면으로 데리고 오지요. 고래도 먹이를 찾기 위해 이 해류를 따라 이동합니다.

알고 있었나요?

지구에 사는 생물 중 열에 아홉은 바다에서 살아요.

북극 바다

태평양

인도양

멀리멀리 소리를 보내요

음파는 공기보다 물 밑에서 더 멀리 갑니다. 또 물 의 온도에 따라서도 음파가 다르게 퍼져 나가지요. 음파는 수면에서 약 1000미터 내려간 곳에서 제일 멀리까지 퍼져나갈 수 있어요. 그래서 낮은 목소리를 멀리멀리 보내기 위해 이 음파 구역을 자주 이용하는 고래들이 많답니다.

고래를 도웁시다

얼마 전까지만 해도 사람들은 해마다 5만 마리가 넘는 고래를 죽였어요. 고기의 기름과 수염이 탐이 났기 때문이지요. 다행히 이젠 사람들이 예전처럼 마구잡이로 고래를 잡지 않아요. 그래도 고래는 행복하게 살지 못해요.

큰 배는 시끄러워요

매일 수 십만 척의 배가 바다를 누비며 사람과 물건을 실어 나릅니다. 그 배에 달린 큰 엔진이 물밑에서 시끄러운 소리를 내지요. 그래서 고래가 친구의 말을 잘 알아들을 수 없어요. 물고기가 어디 있는지도 알 수가 없고요. 큰 배에 치여 죽는 고래도 많아요.

나누어 먹어요

고래는 물고기와 크릴새우를 먹고 삽니다. 사람들도 물고기와 크릴새우를 좋아하지요. 하지만 우리가 바다에서 물고기를 너무 많이 잡으면 고래가 먹을 물고기가 남지 않을 거예요. 또 물고기를 잡으려고 쳐놓은 그물에 고래가 잡혀서 죽을 수도 있어요.

바다가 병들어요

제일 큰 문제는 환경오염이에요. 우리가 강과 육지에 버리거나 공기로 뿜어낸 쓰레기와 유해물질은 돌고 돌다가 결국 바다로 흘러 들어갑니다. 그럼 물고기와 크릴새우가 살지 못할 것이고, 그것들을 먹고 사는 고래도 배가 고플 거예요. 또 바다가 오염되어서 고래가 병이 들 수도 있어요.

고래를 살려요

전 세계에서 많은 사람들이 고래를 돕습니다. 고래와 다른 바다생물이 편안하게 살 수 있는 해양보호구역을 지정하고요, 고래를 괴롭히지 않으면서 물고기 잡는 기술을 개발하지요. 또 소리가 조용한 엔진도 개발합니다. 바다 곁에 살지 않아도 고래를 도울 수 있어요. 공기, 땅, 물을 깨끗하게 만들면 큰 바다도 깨끗해질 테니까 고래도 좋아할 거예요.

우리 친구들은 어떻게 고래를 도울 건가요?

플라스틱을 쓰지 말자!

무슨 뜻일까요?

수족관 : 살아 있는 물고기나 다른 바다생물을 큰 통에 넣어두는 장소예요. 거기 넣어두면 관찰하기가 좋으니까 바다생물에 대해 많은 것을 알 수 있어요. 작은 물고기를 넣어두는 우리 집의 어항도 수족관이라고 불러요.

적도 : 지구 한가운데를 빙 두른 줄이에요. 적도에서 북극과 남극까지는 거리가 똑같기 때문에 적도는 지구를 절반으로 나눈답니다. 그 절반을 북반구와 남반구라고 불러요. 북반구가 겨울이면 남반구는 여름이지요.

분수공 : 고래 머리 위쪽에 붙은 숨구멍이에요. 사람 콧구멍이 두 개인 것처럼 수염고래의 분수공은 두 개지만, 이빨고래는 분수공이 하나밖에 없어요. 고래가 물로 들어가면 분수공은 절로 닫힙니다.

지방층 : 고래의 몸에는 두꺼운 지방층이 있어서 헤엄칠 때 편하지요. 또 차가운 물 속에서도 몸을 따뜻하게 유지할 수 있어요.

세테이시아(Cetacea) : 고래의 학명이에요. 학명은 학자들이 부르는 이름이에요. 돌고래와 쇠돌고래도 고래목(세테이시아)에 포함된답니다.

반향위치측정 : 이빨고래는 음파를 쏘아서 메아리를 듣고 어디에 물체가 있는지 알지요. 깜깜한 곳에서 방향을 찾아야 하는 박쥐도 이 방법으로 길을 찾는답니다.

진화 : 생물이 새로운 환경에 적응하기 위해 천천히 변하는 것을 말해요.

등지느러미 : 고래는 등지느러미 덕분에 물에서도 균형을 잘 잡을 수 있어요. 물고기들도 등지느러미가 있지요. 등지느러미에는 뼈가 없어요.

가슴지느러미 : 고래의 가슴지느러미는 육지에 살던 조상의 앞다리가 변한 것이에요. 가슴지느러미에는 사람의 팔과 손처럼 뼈가 들어 있어요.

꼬리지느러미 : 고래의 꼬리지느러미는 물에서 앞으로 나아갈 때 필요하고, 또 균형을 잡을 때에도 도움이 되지요. 꼬리지느러미도 등지느러미처럼 뼈가 없어요.

포식자 : 다른 동물을 죽여 먹고 사는 동물을 말해요. 가령 사자, 독수리, 거미, 범고래도 포식자가 될 수 있어요.

작살 : 뾰족하고 기다랗게 생긴 무기로 대부분 밧줄에 묶여 있어요. 작살은 손으로 던지거나 총에 넣어 쏘지요. 사람들은 이것으로 고래나 큰 바다 동물을 잡아요.

크릴새우 : 게처럼 생긴 아주 작은 바다생물이에요. 수염고래와 바닷새들, 물고기들은 주로 크릴새우를 먹고 살아요. 그래서 크릴새우는 바다 먹이사슬에서 꼭 필요한 부분이지요. 크릴새우가 없다면 대부분의 큰 바다생물이 살 수 없을 거예요.

플랑크톤 : 바다에 사는 아주 작은 유기물이에요. 식물성 플랑크톤은 피토플랑크톤, 동물성 플랑크톤은 주플랑크톤이라고도 불러요.

포유류 : 새끼를 젖을 먹여 키우는 동물을 포유류라고 불러요. 대부분의 포유류는 알을 낳지 않고 살아 있는 새끼를 낳지요. 포유류는 크기가 가지각색이에요. 작은 쥐에서부터 거대한 대왕고래까지, 정말 엄청나게 차이가 나지요.

산소 : 모든 동물과 식물이 살아가는 데에 꼭 필요한 색깔이 없는 가스예요. 식물이 자라면서 산소를 만들지요. 우리가 들이마시는 산소의 절반은 바다의 플랑크톤이 만들어요.

해면 : 세계 모든 바다에서 사는 다세포 동물이에요. 기관이 없고 크기는 가지각색이에요. 몇 밀리미터밖에 안 되는 아주 작은 것에서부터 몇 미터에 이르는 큰 것까지 정말로 다양하지요.

떼 : 함께 이동하는 물고기 무리를 말해요

따개비 : 바다에서 바위나 보트 밑면, 고래 피부에 붙어사는 작은 갑각류예요. 따개비는 플랑크톤과 물에 떠다니는 작은 유기물을 먹고 살아요. 그래서 바닷물을 깨끗하게 만드는 데도 도움을 준답니다.

엄니 : 무기로, 감각기관으로 사용하는 긴 이빨이에요. 친구들한테 자랑하며 뽐내기도 한답니다.

환경오염 : 유해물질로 우리 환경을 더럽히는 것을 환경오염이라고 해요. 환경오염은 강과 땅, 공기를 병들게 만들어요. TV에서 보면 큰 바다에 플라스틱이 둥둥 떠다니고 있어요. 그러니까 우리도 플라스틱을 적게 쓰고 쓰레기 분리수거를 잘해서 바다의 건강을 지켜주기로 해요.

고래 : 고래목에 속하는 동물을 통틀어 부르는 이름이에요. 고래는 물에서 살지만 숨을 쉬어야 하는 덩치 큰 포유류예요. 전 세계의 큰 바다에서 살고요, 강에서 사는 녀석들도 있답니다.

고래왁스 : 향유고래 머리의 기관에 들어 있는 왁스 같은 흰색 물질이에요. 향유고래는 이 물질 덕분에 메아리를 듣고 방향을 잡아요. 예전에는 이것으로 화장품, 향수, 초, 연고를 만들었어요.

고래의 이동 : 많은 고래들이 계절에 따라 이동하는 것을 말해요. 다른 동물들도 이동을 하지만 고래는 겨울과 여름을 각기 다른 곳에서 지내기 때문에 특히 먼 거리를 오가지요. 겨울에는 먹이가 많은 추운 곳에서 살고요, 여름에는 새끼를 키울 수 있는 따뜻한 바다에서 산답니다.

Original Title : The World of Whales

Get to Know the Giants of the Ocean
Written by Darcy Dobell
Illustrated by Becky Thorns
Original edition conceived, edited and designed by gestalten
Edited by Robert Klanten, Amber Jones, and Maria-Elisabeth Niebius
Published by Little Gestalten, Berlin 2020
Copyright © 2020 by Die Gestalten Verlag GmbH & Co. KG

All rights reserved.
No part of this publication may be used or reproduced in any form or
by any means without written permission except in the case of brief quotations
embodied in critical articles or reviews.

For the Korean Edition Copyright © 2020 by Saenggakuijip
Published by arrangement with Die Gestalten Verlag GmbH & Co. KG
through BC Agency, Seoul.

이 책의 한국어판 저작권은 BC 에이전시를 통한
저작권자와의 독점 계약으로 생각의집에 있습니다. 신 저작권법에 의해
한국 내에서 보호를 받는 저작물이므로 무단전재와 무단복제를 금합니다.

세상의 모든 고래

초판 1쇄 발행 2020년 8월 10일
초판 6쇄 발행 2025년 1월 30일
글 ★ 다시 도벨
그림 ★ 베키 토른스
옮긴이 ★ 장혜경
펴낸이 ★ 권영주
펴낸곳 ★ 생각의집
디자인 ★ design mari
출판등록번호 ★ 제 396-2012-000215호
주소 ★ 경기도 고양시 일산서구 중앙로 1455
전화 ★ 070·7524·6122
팩스 ★ 0505·330·6133
이메일 ★ jip2013@naver.com
ISBN 979-11-85653-71-6 (77490)
CIP ★ 2020029281

글 _ 다시 도벨
바다와 바다 생물을 보호하기 위해 애쓰는 모든 분들께 감사와 존경을 담아 이 책을 바칩니다.

그림 _ 베키 토른스
항상 사랑과 인내와 지원을 아끼지 않는 남편 조쉬에게 이 책을 드립니다. 당신에게 이 많은 바다생물의 그림을 보여줄 수 있어서 얼마나 고마운지 몰라요.

옮긴이 _ 장 혜 경
연세대학교 독어독문학과를 졸업하고 같은 대학 대학원에서 박사 과정을 수료했습니다. 독일 학술교류처 장학생으로 하노버에서 공부했습니다. 현재 전문 번역가로 활동 중입니다. 《충만한 삶, 존엄한 죽음》, 《나는 괜찮은 줄 알았습니다》, 《나는 이제 참지 않고 말하기로 했다》, 《삶의 무기가 되는 심리학》, 《처음 읽는 여성 세계사》, 《학교 가는 길》 등을 우리말로 옮겼습니다.

품명 어린이 도서 **제조년월** 2025년 1월
사용연령 4세 이상 **제조자명** 생각의집
제조국 대한민국 **연락처** 070·7524·6122
주소 경기도 고양시 일산동구 정발산로 42번길 38, 618호
주의사항 종이에 베이거나 긁히지 않도록 주의하세요.
KC마크는 이 제품이 공통안전기준에 적합하였음을 뜻합니다.

THE COLOURS OF HISTORY
색깔의 역사

클리브 기포드 글
마르크-에티엔 펭트르 그림 이강희 옮김

노란돼지

The Colours of History
Written by Clive Gifford and illustrated by Marc-Etienne Peintre
Copyright ⓒ 2018 Quarto Publishing plc
First Published in 2018 by QED Publishing, an imprint of The Quarto Group
All rights reserved
Korean translation copyright ⓒ 2018 Yellowpig
Korean translation rights arranged with The Quarto Group through Orange Agency
이 책의 한국어판 저작권은 오렌지에이전시를 통한 The Quarto Group과의
독점 계약으로 "도서출판 노란돼지"에 있습니다.
저작권법에 의해 한국 내에서 보호를 받는 저작물이므로
무단전재와 무단복제를 금합니다.

차례

머리말
색깔의 역사 속으로
떠나는 여행　　　　　　　　　　8

노랑　　　　　　　　　　　　10
땅에서 얻은 고대의 노랑 옐로 오커　　12
고흐가 사랑한 노랑 크롬 옐로　　　　14
따뜻한 황금빛을 띠는 노랑 갬보지　　16
약탈을 상징하는 노랑 잉카 골드　　　18
세상에서 가장 비싼 노랑 사프론　　　20
과일에서 따온 노랑 오렌지　　　　　22

빨강　　　　　　　　　　　　24
선인장 벌레에서 얻은 빨강 코치닐　　26
날카로움을 지닌 빨강 버밀리언　　　28
소녀가 아닌 소년의 빨강 핑크　　　　30
선사 시대부터 쓰인 빨강 레드 오커　　32
미라를 갈아서 만든 빨강 머미 브라운　34

자주　　　　　　　　　　　　36
마리 앙투와네트가 사랑한 자주 퓨스　38
순금보다 비싼 자주 티리언 퍼플　　　40
가난한 사람들의 자주 오칠　　　　　42

파랑　　　　　　　　　　　　44
시원한 바다 같은 파랑 인디고　　　　46
청사진을 만든 파랑 프러시안 블루　　48
하늘과 나일강의 파랑 이집션 블루　　50
보석으로 만든 파랑 울트라마린　　　52
전투에 나갈 때 필요한 파랑 워우드　　54

초록　　　　　　　　　　　　56
자유를 상징하는 초록 버디그리　　　58
아일랜드 사람들의 초록 켈리 그린　　60
눈부시지만 치명적인 초록 셸레 그린　62

광석에서 얻은 검정 콜과 그래파이트　64
탐나는 하양 라임 화이트와 리드 화이트　66

찾아보기　　　　　　　　　　　68

머리말
색깔의 역사 속으로 떠나는 여행

이 세상에 색깔이 없다면 어떨까요? 얼마나 재미없고 따분해 보일까요! 붉게 타오르며 저물어 가는 하늘, 선명한 초록 들판이나 숲에 색깔이 없다고 생각해 보세요. 우리는 어떤 스포츠 팀을 응원한다는 표시로 그 팀의 색깔 티셔츠를 입기도 해요. 신호등에서 빨강이나 초록 불빛을 보고 건너갈지 말지를 생각하기도 합니다. 이처럼 색깔은 우리 삶에서 아주 중요한 역할을 맡고 있습니다.

자연에서의 색깔

색깔은 자연 세계에서도 아주 중요한 역할을 해 왔어요. 어떤 생물은 주변 환경에 제 몸을 숨길 때 색깔을 사용합니다. 밝은색을 가진 생물들은 눈에 잘 띄겠지요? 때론 그 밝은색을 이용해 다른 생물에게 경고를 보내거나 쫓아내기도 한답니다. 어떨 때는 색깔을 이용해 짝짓기에 성공하기도 하고요.
선사 시대 사람들은 특정한 식물이나 과일의 색을 보는 법을 배웠습니다. 색을 보면 어떤 게 익었고 먹을 수 있는 것인지, 어떤 게 해로운지 알 수 있었지요.

색깔을 둘러싼 열풍

자연에서 얻었든 가공해 만들었든 색깔은 역사적으로 사람들의 상상력을 자극해 왔습니다. 분홍을 향한 열정은 물론 특정한 자주, 노랑 혹은 초록을 향한 열풍에 이르기까지, 사람들은 인기 있고 유행하는 색에 흥분하기도 하고, 분노하기도 하고, 때론 영감을 얻기도 했습니다.
어떤 색의 원료는 그 가치가 금에 버금가기도 했습니다. 몇 가지 원료는 너무 귀해서 그것을 둘러싸고 전투가 벌어질 정도였답니다.

색깔에 얽힌 알록달록 뒷이야기

이 책 속에 나오는 색깔 이야기들은 다양한 시대, 다양한 장소로 여러분을 데려다줄 것입니다. 한 색깔은 다른 색깔을 만들어 내는 계기가 되기도 합니다. 색깔에 얽힌 대표적인 예를 들려주기 위해 이야기를 가려 뽑았습니다. 이 색깔 여행을 하는 동안 사람들이 색을 얻기 위해 썼던 기발한 방법들, 때론 색깔이 사라졌다가 다시 발견된 사연, 그리고 상인이나 탐험가, 정복자들 때문에 색이 널리 퍼졌던 이야기가 담겨 있습니다.
네덜란드 사람들이 어떤 이유로 오렌지색을 택했는지, 시카고의 강은 왜 매년 밝은 초록빛으로 흐르는지, 자주색 예복 한 벌 염색하는 데 어떻게 수천 마리의 바다우렁이가 필요했는지……. 그 밖에도 색깔에 얽힌 아주 많은 뒷이야기들을 만날 수 있습니다.

노랑은 파랑, 빨강과 함께 색의 3원색 중 하나입니다.
빛의 3원색은 빨강, 파랑, 초록이고요.
여러 문화권에서 노랑은 햇빛, 그리고 따뜻함의 상징으로
여겨졌어요. 오래전 중국에서는 노랑이 아주 귀한 색으로
여겨졌고요. 얼마나 귀한지 황제와 황후만이
이 색으로 된 옷을 입을 수 있었습니다.
노랑이 따뜻함이나 화려함만을 상징하지는 않았어요.
때로는 비겁함을 상징하기도 했고,
질병을 상징하기도 했습니다. 아마도 황달이나
말라리아에 걸리면 얼굴이 노랗게 변하기 때문이겠죠?

Yellow(노랑)

옐로 오커　　크롬 옐로　　갬보지　　잉카 골드　　사프론　　오렌지

땅에서 얻은 고대의 노랑
옐로 오커 Yellow Ochre

1940년, 프랑스 몽티냐크 마을에 살던 10대 소년 네 명이 동네 근처에 있는 숲을 탐험하고 있었습니다. 그중 한 아이가 엄청난 발견을 하지요. 깊은 구멍 하나가 이 소년들을 미지의 동굴로 이끌었습니다. 그 동굴은 바로 구석기 후기의 라스코 동굴이었어요.
더욱 놀라운 것은 동굴 벽이 구석기 후기에 그려진 벽화로 뒤덮여 있었다는 거예요. 그 벽화는 대부분 '옐로 오커'로 채색되어 있었습니다.

점토에서 얻은 색

옐로 오커는 산화철이 포함된 점토에서 얻은 색소입니다. 세계 여러 곳에서 이 점토가 발견됩니다. 오래전 사람들은 이 점토를 가루로 빻은 뒤 식물 수액이나 물을 섞어 물감을 만들었지요. 손이나 나뭇잎, 나무껍질, 때론 가는 동물 뼈를 사용해 바위에 살짝 바르면서 그림을 그렸습니다. 라스코 벽화 중 일부는 갈대나 속이 빈 뼈를 이용해 물감을 벽에 대고 부는 방법으로 칠해져 있습니다.

오랜 시간을 견딜 수 있는 색

몽티냐크 마을의 아이들이 발견한 벽화는 오커로 만든 노랗고 빨간 색조가 눈에 띕니다. 검정도 있는데 이건 숯으로 만든 색입니다. 벽화 안에는 2,000가지가 넘는 다양한 모습이 그려져 있어요. 대개는 말, 황소, 수사슴 같은 동물입니다. 게다가 코뿔소까지 있어요. 다른 색소와는 달리, 옐로 오커는 금방 썩지도 않고 햇빛에 노출되지 않으면 색이 잘 바래지도 않습니다. 이 엄청난 라스코 벽화는 17,000년이 넘은 작품이라 추정됩니다.

세계 여러 곳에서 발견된 색

고대 이집트 왕릉의 벽은 종종 옐로 오커로 장식되어 있어요. 오스트레일리아 원주민들도 이 색으로 그림을 그렸습니다. 시간이 흐른 뒤에는 렘브란트, 르누아르, 라파엘 등 많은 화가들이 옐로 오커를 써서 그림을 그렸어요. 프랑스는 18세기까지 옐로 오커 생산의 중심지였습니다. 파푸아뉴기니의 후리족과 서아프리카의 풀라니족은 지금도 여전히 옐로 오커를 사용합니다. 의식을 위해 화장품으로 쓰는데, 얼굴 전체를 이 옐로 오커로 덮는다고 합니다.

고흐가 사랑한 노랑
크롬 옐로 Chrome Yellow

1760년대 초, 프랑스의 한 지질학자가 러시아 금광에서도 아주 깊이 숨어 있는 곳에서 새로운 광물을 발견했어요. 이 광물에 '크로코아이트'라는 이름을 붙여 주었지요. 놀랍도록 밝은 노란색을 내는 이 색에 한 젊은 화가가 달려들었어요. 기를 쓰고 그림에 매달리던 젊은이였죠. 그 화가가 바로 빈센트 반 고흐예요. 고흐는 자신의 가장 인상적인 작품 몇 점을 그릴 때 크롬 옐로를 사용했습니다.

크롬에 납을 섞어 만든 색
프랑스 화학자 니콜라 루이 보클랭은 크로코아이트로 실험을 하다가 새로운 화학 원소를 발견했습니다. 보클랭은 '컬러'의 그리스어인 크로마(chroma)를 따서 이 원소를 '크롬'이라 불렀어요. 그리고 크롬과 납을 섞으면 선명한 노란색이 나온다는 것을 발견했습니다. 이 색은 곧 예술가들에게 인기 있는 그림 재료가 되었습니다. 영국 왕 조지 4세는 이 색을 너무나 좋아해서 브라이튼에 있는 별궁인 로얄 파빌리온의 대부분을 이 색으로 장식하기도 했습니다.

크롬 옐로의 가치는?

노랑과 오렌지를 섞은 듯한 크롬 옐로의 밝은 빛깔은 클로드 모네와 폴 세잔 같은 프랑스 화가들 사이에 큰 인기를 끌었습니다. 빈센트 반 고흐의 초기 그림은 칙칙하고 생기가 없어요. 밝은색으로 그린 작품들을 보고 영감을 받은 고흐는 이후부터 아주 밝은색으로 그림을 그리기 시작했습니다. 고흐는 〈해바라기〉와 〈까마귀가 있는 밀밭〉 등 밀밭 그림 시리즈에서 크롬 옐로를 아주 많이 사용했습니다. 고흐는 "언젠가는 내 그림이 물감 값보다 가치 있는 날이 올 것이다."라는 말을 남겼어요. 그가 죽은 지 올해로 130년이 흐른 지금, 그의 그림은 어느 정도의 가치일까요? 고흐가 그린 해바라기 그림 한 점은 무려 3,970만 달러, 약 432억 원에 팔렸답니다!

빛을 받으면 변하는 색

오랜 시간이 흐르면서 사람들은 크롬 옐로가 빛을 받으면 색이 바뀌어 서서히 칙칙한 갈색이 된다는 것을 알았습니다. 이 불운은 반 고흐의 일부 그림에서도 일어나고 있습니다. 예술가들은 색이 바래지 않는 새로운 노랑을 찾아 그 색으로 바꾸기 시작했습니다.

따뜻한 황금빛을 띠는 노랑
갬보지 Gamboge

'갬보지'라는 색깔은 캄보디아라는 나라에서 그 이름을 얻었습니다. 한때 캄보디아의 이름이 캄보자였거든요. 이 색이 유럽에 다다르기 전에 중국, 일본, 인도에서는 이미 800년 넘게 물감으로 쓰이고 있었습니다.

특별한 수액

갬보지는 캄보디아, 스리랑카, 태국의 가르시니아 나무에서 얻은 색입니다. 먼저 다 자란 가르시니아 나무의 몸통을 깊게 베어 내어 속이 빈 대나무 조각을 그 자리에 놓습니다. 그러면 흘러나오는 우유 같은 수액이 대나무를 타고 떨어지게 되지요. 이걸 다시 불 위에 놓고 오랫동안 끓이면 캐러멜처럼 보이는 갈색 덩어리가 만들어져요. 얼핏 보기에 그 덩어리는 그다지 영감을 줄 만해 보이지 않지만, 거기에 물을 더하는 순간 놀랍게도 따뜻한 황금빛을 띠는 노란색이 만들어진답니다.

완전히 새로운 초록색

주로 17~18세기에 활약한 피테르 브뢰헬, 렘브란트, 그리고 유명한 영국 풍경화가 조지프 말로드 윌리엄 터너 같은 화가들은 갬보지 색깔을 써서 그림을 그렸습니다. 영국 화가 윌리엄 후커는 과학자들을 위해 식물 삽화를 그리는 일을 했는데요. 그는 다양한 식물의 잎사귀를 정확하게 묘사해 줄 강렬한 초록색을 원했습니다. 갬보지에 프러시안 블루(48~49쪽 참고)를 섞자 완전히 새로운 초록색이 나왔습니다. 이것을 가리켜 '후커의 녹색'이라고 부릅니다.

갬보지를 만지면 화장실에 가는 이유!

1603년, 네덜란드 의사이자 식물학자인 카롤루스 크루시우스는 유럽에 처음으로 알려진 색소 표본 중 하나인 갬보지를 얻었습니다. 이 색소는 중국에서 암스테르담으로 가는 네덜란드 배에 실려 왔습니다. 잠깐 동안이지만 유럽에서는 갬보지가 유명한 약으로도 쓰였습니다. 류머티즘, 괴혈병, 그리고 다른 질병을 치료하는 데 말이지요. 그런데 갬보지에는 독성이 있다는 단점이 있었어요. 많은 양이 쓰일 때는 생명에 치명적일 수 있지요. 적은 양이 쓰일 때도 아주 강력한 완하제 역할을 해요. 배변 활동이 활발해지는 것이죠. 19세기 런던의 페인트 공장에서 일하던 사람들이 갬보지를 다루는 날이면 매 시간마다 화장실에 갔다고 합니다.

약탈을 상징하는 노랑
잉카 골드 Inca Gold

금은 많은 나라에서 귀하게 여긴 광물이지만 특히 잉카 제국에서 더욱 그랬습니다. 잉카인들에게 금은 그들의 태양신 '인티'와 연결되어 있었습니다. 그러나, 그 소중한 금이 지닌 높은 가치 때문에 잉카에 몰락이 찾아오게 됩니다.

풍부한 금과 은의 나라
잉카 제국이 최고의 전성기를 누린 서기 1500년 무렵에는 칠레에서 에콰도르까지 뻗어 나가 서남 아메리카 지역 대부분에 걸쳐 있었습니다. 산이 많은 이 지역에는 풍부한 양의 금과 은이 매장되어 있었고, 잉카족은 금을 캤습니다. 때때로 전투를 통해 정복한 나라의 주민들에게서 금을 빼앗기도 했습니다. 잉카 제국의 평민들은 황제를 위해 미타라는 부역을 했는데, 귀금속 캐는 일을 미타로 삼은 이들이 있었습니다.

> "금을 가져오라, 할 수만 있다면, 자비롭게! 그러나 어떤 어려움이 있더라도 반드시!"
> 페르디난드 왕이 스페인 탐험가들에게 내린 지시, 1511년

금은 태양의 땀
잉카족은 금을 세공하는 일에 노련한 실력을 보였습니다. 그들은 금을 '태양의 땀'이라 여겼습니다. 모든 금은 당연히 그들의 통치자인 사파 잉카에게 속했습니다. 사파 잉카는 잉카 제국의 귀족 중 가장 강한 황제를 의미합니다. 아타우알파라는 사파 잉카는 금으로 된 잔으로 마시고, 순금 머리 장식과 보석을 걸쳤는데, 심지어 70킬로그램이 넘는 순금 왕관도 가지고 있었습니다.

금을 향한 끝없는 욕심

스페인 군인인 에르난 코르테스는 멕시코의 아즈텍 제국에게 어마어마한 재물을 요구했습니다. 또 다른 스페인 군인인 프란시스코 피사로는 그 전리품에서 자신의 몫을 떼어 달라고 말했어요. 피사로는 1532년, 고작 170명도 채 안 되는 병력을 이끌고 페루의 카하마르카에 도착했습니다. 병사 수에서는 크게 밀렸지만 잉카인들은 말이나 총을 접한 경험이 없었어요. 싸움에서 대부분 달아나거나 죽임을 당해야만 했어요. 피사로는 아타우알파를 생포했고, 그는 살려 주면 방 하나를 금으로 채워 주겠다고 약속했습니다. 7톤이 넘는 금 보석을 가져다주었지만, 아타우알파는 결국 처형당했습니다. 그 뒤에도 피사로는 수년 동안 잉카의 금을 강제로 빼앗아 스페인으로 보냈습니다.

세상에서 가장 비싼 노랑
사프론 Saffron

풍부한 금빛의 주황색, 사프론은 주로 이란과 스페인에서 자라는 특정한 꽃인 크로커스 종에서 나와요. 이 꽃 속에 든 섬세한 암술이 독특한 색과 풍미를 줍니다. 과거에는 주로 염료와 약재로 쓰였지만 지금은 음식에 색과 풍미를 내는 재료로 인기가 많습니다.

사프론의 가치는 얼마인가?

사프론 500그램을 수확하려면 5만 5천 송이에서 8만 5천 송이의 꽃이 필요합니다. 단 1그램 가격이 15파운드, 약 2만 원인 셈이지요. 사프론이 너무 비싸기 때문에 과거에는 대개 부유하고 힘이 있는 사람들이 사용했습니다. 알렉산더 대왕은 상처를 치료하기 위해 사프론으로 목욕을 했고, 로마의 네로 황제는 사프론을 공기 청정제로 썼다고 합니다. 와인에 사프론을 넣고 끓인 다음 로마의 장대한 원형 경기장 콜로세움에 파이프로 흘려보내면 검투사들의 피비린내를 감출 수 있었던 것이죠.

사프론을 둘러싼 죄와 벌!

중세 유럽 내내, 사프론은 활발하게 거래되었어요. 하지만 값이 비싸다 보니 때때로 강제로 빼앗는 일도 벌어졌습니다. 해적들은 귀중한 것을 운반하는 배를 납치하고는 했는데요. 이들이 벌인 절도 사건 중 하나가 '사프론 전쟁'이었어요. 무려 석 달에 걸쳐 벌어진 싸움이었죠. 상인들은 사프론 대신 더 싼 물질을 채워 넣는 방식으로 사기를 치기도 했습니다. 1444년에는 잘게 부순 매리골드 꽃을 섞어 사프론을 희석한 독일 상인이 화형을 당하는 일도 있었답니다.

용기와 희생의 색, 사프론

승려들이 입는 옷인 법의는 이 색으로 염색되어 있습니다. 하지만, 사프론만 사용하려면 너무 많은 비용이 들겠지요? 그래서 승려들은 가격이 저렴한 강황으로 만든 식물성 염료를 사용했어요. 기도책을 손으로 직접 만들던 기독교 수사들은 간혹 진짜 금 대신 사프론으로 글자를 장식했습니다. 힌두교 신자들은 힌두신 조각상에 틸라크라는 표시를 할 때 쓰는 안료 반죽에 사프론을 섞었습니다. 틸라크는 이마에 붙이는 붉은 점입니다. 사프론은 인도 국기에도 있는 색으로, 용기와 희생을 상징합니다.

과일 색깔에서 따온 노랑
오렌지 Orange

고대 이집트인들은 유황과 독성이 있는 비소의 혼합물인 계관석이라는 광물 가루를 사용해 오렌지색을 만들어 썼습니다. 이 색소는 유럽의 여러 그림에도 사용되었지만 수 세기 동안 이름조차 갖지 못한 색이었습니다.

과일에서 따온 이름

오렌지색은 15세기와 16세기 포르투갈과 이탈리아 상인들이 아시아에서 달콤한 오렌지 나무를 갖고 자신의 나라로 돌아올 때까지 유럽에서는 그저 '옐로-레드'로 알려졌습니다. 이 색은 그때 들여온 과일에서 이름을 따왔는데, 이 과일 이름은 산스크리트어로 '나랑가'였고, 스페인어로 '나랑하', 영어와 프랑스어로 마침내 '오렌지'라는 이름을 갖게 되었습니다.

오렌지는 가문의 이름?

이 색이 이름을 갖기 수백 년 전, 한 작은 독립 국가(현재 프랑스 남부)의 이름이 '오렌지'였습니다. 이 국가가 네덜란드 왕가에 오렌지라는 이름을 주었고 네덜란드는 이 색을 왕가의 색으로 채택했습니다. 오렌지색은 그림에도 널리 쓰였어요. 네덜란드 농부들은 밝은 오렌지색 당근을 재배하는 데 성공했고요. 이전까지 당근은 어떤 색이었냐고요? 대부분 자주색이나 흰색이었습니다.

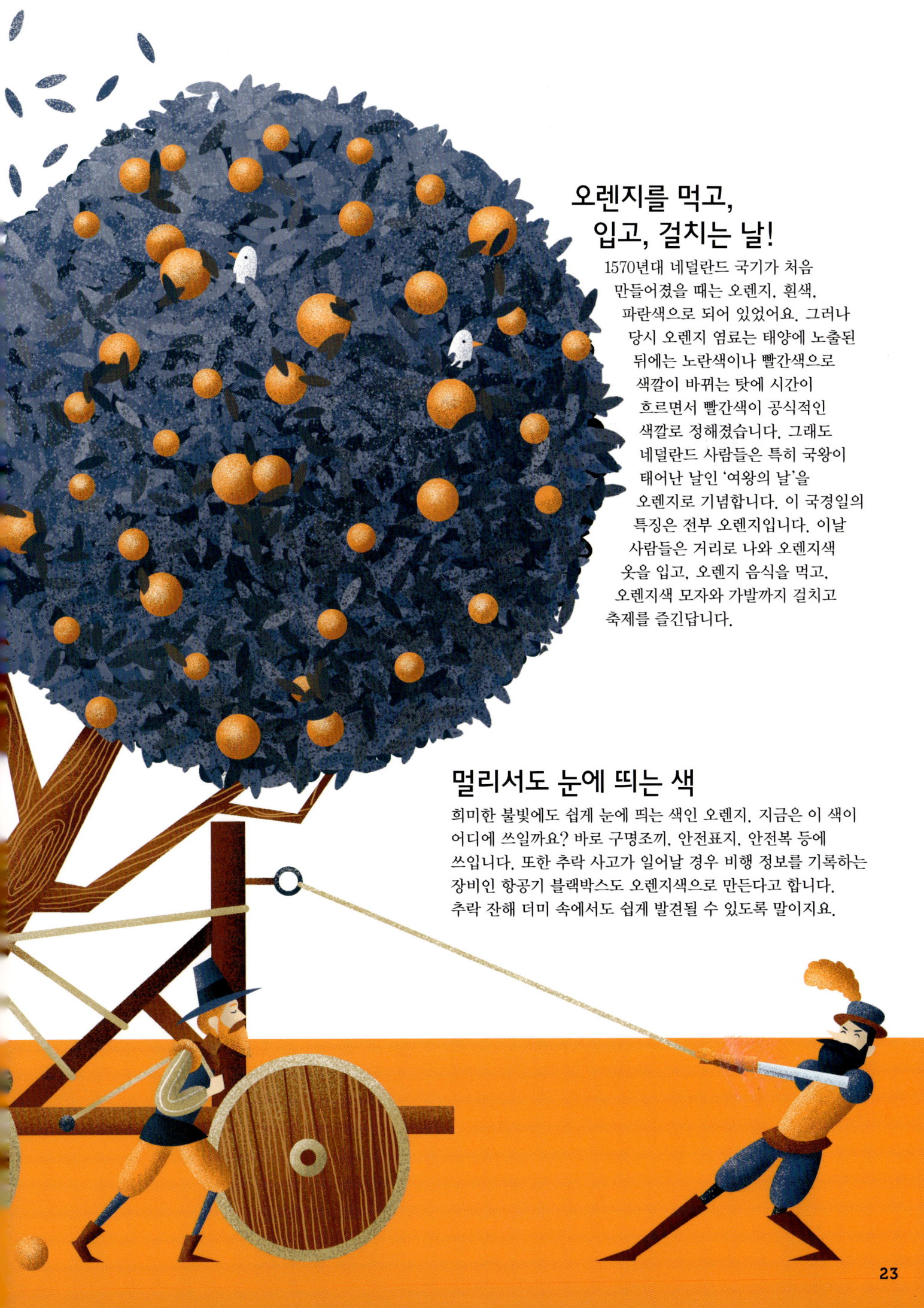

오렌지를 먹고, 입고, 걸치는 날!

1570년대 네덜란드 국기가 처음 만들어졌을 때는 오렌지, 흰색, 파란색으로 되어 있었어요. 그러나 당시 오렌지 염료는 태양에 노출된 뒤에는 노란색이나 빨간색으로 색깔이 바뀌는 탓에 시간이 흐르면서 빨간색이 공식적인 색깔로 정해졌습니다. 그래도 네덜란드 사람들은 특히 국왕이 태어난 날인 '여왕의 날'을 오렌지로 기념합니다. 이 국경일의 특징은 전부 오렌지입니다. 이날 사람들은 거리로 나와 오렌지색 옷을 입고, 오렌지 음식을 먹고, 오렌지색 모자와 가발까지 걸치고 축제를 즐긴답니다.

멀리서도 눈에 띄는 색

희미한 불빛에도 쉽게 눈에 띄는 색인 오렌지. 지금은 이 색이 어디에 쓰일까요? 바로 구명조끼, 안전표지, 안전복 등에 쓰입니다. 또한 추락 사고가 일어날 경우 비행 정보를 기록하는 장비인 항공기 블랙박스도 오렌지색으로 만든다고 합니다. 추락 잔해 더미 속에서도 쉽게 발견될 수 있도록 말이지요.

사랑, 분노, 열기, 열정.
빨강은 역사적으로 다양한 의미를 지녀 왔습니다.
피의 색이기도 한 빨강은 어떤 나라에서는 용기와
희생의 색이고, 어떤 나라에서는 행복과 기쁨을
상징하는 색이기도 합니다. 고대 로마인들에게
빨강은 전쟁의 신 '마스'의 색이었습니다.
이 강렬하고, 시선을 휘어잡는 색인 빨강은 종종
경고 표시로 쓰이거나 위험을 상징하는
색으로 쓰입니다.

Red (빨강)

코치닐	버밀리언	핑크	레드 오커	머미 브라운

선인장 벌레에서 얻은 빨강
코치닐 Cochineal

코치닐은 선인장 종류에 붙어사는 손톱보다도 작은 연지벌레라는 곤충입니다. 이 곤충을 으깨면 강렬한 스칼렛 레드 색깔이 나옵니다. 개미에게 잡혀 먹히지 않으려고 이 곤충이 몸속에 지니고 있는 카민산이라는 성분 때문입니다.

곤충을 으깨어 만든 색

코치닐 색깔 1킬로그램을 만들려면 몇 마리의 코치닐이 필요할까요? 햇볕에 말린 뒤 으깨어 가루로 만든 코치닐 약 14만 마리가 필요합니다. 마야, 아즈텍, 잉카 같은 아메리카 문명에서는 지도자가 입는 옷은 코치닐로 염색했습니다. 1519년 멕시코를 침략한 스페인 정복자들은 아즈텍 시장에서 파는 코치닐을 발견했어요. 그들은 코치닐 생산지를 손에 넣은 뒤 그 비밀에 대해 입을 다물었어요. 그러고는 코치닐 수백 톤을 배에 실어 유럽으로 돌아왔지요. 금과 은 이후, 코치닐은 아메리카에서 온 가장 값나가는 물건이 되었습니다. 남아메리카를 정복한 스페인 사람들은 코치닐을 쉽게 손에 넣을 수 있었습니다.

권력을 상징하는 색

당시 유럽에서 강렬한 진홍색은 권력의 상징이었어요. 오래 지속되는 강렬한 빨간 염료가 드물기 때문에 가격도 비쌌어요. 영국 왕 헨리 6세 시절, 진홍색 옷감 한 두루마리 가격이 보통 노동자의 3년치 월급에 맞먹기도 했어요. 코치닐의 선명한 빨강을 가지고 벨벳을 빨갛게 물들였는데, 이 천으로 로마 가톨릭 교회 추기경의 빨간 의복을 지었습니다. 이후에 영국 장교들이 이 색을 선택하면서 그들에게는 '빨간 코트'라는 별명이 붙었습니다. 한편 해적들은 코치닐을 운반하는 스페인 선박을 눈여겨보고 있다가 달려들어 빼앗아 가고는 했습니다.

음식에 든 벌레

이렇게 사랑받던 코치닐은 19세기에 만들어진 더 저렴한 빨간 색소에 추월당하지만 페루에서는 지금도 여전히 생산되고 있습니다. 코치닐 색소는 식용이나 화장품의 붉은색을 내는 데 쓰입니다. 주로 사람들이 많이 쓰는 립스틱과 아이스크림, 요거트, 사탕의 성분에 말이지요. 곤충에서 뽑아 낸 색소라고 해서 아직 논란이 있는 색소이기도 합니다.

날카로움을 지닌 빨강
버밀리언 Vermilion

아름답지만 위험한 버밀리언의 눈부신 주홍색은 '진사'라는 광물을 으깬 조각이 최초 원료였습니다. 그런데 이 광물에는 독성이 있는 수은과 유황이 들어 있습니다. 그럼에도 불구하고 이 광물은 로마와 중국에서 큰 인기를 끌었습니다.

부자들의 별장에 쓰인 색

고대 로마인들은 스페인의 수은 광산에서 진사를 얻었습니다. 그곳에서 강제 노동을 한 죄수들은 대부분 2년 이상 버티기 힘들었지요. 독한 수은 가스가 그들의 생명을 앗아 갔기 때문입니다. 버밀리언은 부자들의 별장을 칠할 때에도 쓰였습니다. 때로는 승리를 거둔 장군이나 크게 성공한 검투사가 로마를 통과해 행진할 때도 쓰였고요. 그들의 얼굴이나 몸을 칠하는 데 말이지요.

연금술사들이 만들어 낸 색

연금술사들은 금속에 다른 물질을 섞어 금을 만들려고 했습니다. 그들 중에서 진사 없이 유황과 수은을 섞은 뒤 열을 가해 버밀리언을 만드는 방법을 알아낸 사람들이 있었어요. 그러나 폭발 가능성과 유독 가스 때문에 위험했지요. 그런 위험에도, 성경책을 장식하려는 사람들은 이 밝은 빨간색을 꾸준히 요구했습니다. 종종 달걀 흰자와 사람의 귀지를 섞어 만든 광택제를 그 위에 덧바르기도 했습니다.

"버밀리언은 날카로움을 지닌
빨강이다, 빛나는 강철처럼."
러시아 화가 바실리 칸딘스키, 1912

중국 빨강으로 통한 버밀리언

피와 생명을 뜻하는 빨강은 고대 중국에서 꼭 필요로 한 색이었어요. 진사 가루로 만든 버밀리언도 물질을 혼합해 만든 버밀리언도 모두 '중국 빨강'으로 통했습니다. 옻나무 수액과 함께 섞어서 그릇과 상자에 칠하기도 했습니다. 공문서와 같은 곳에 봉인을 할 때도 쓰였어요. 중국의 많은 사원들은 이 버밀리언으로 칠해져 있습니다. 황제가 공식 문서에 표시를 할 때만 사용하는 특별한 버밀리언 잉크가 만들어지기도 했습니다.

소녀가 아닌 소년의 빨강
핑크 Pink

오래전 '핑크'는 오크나무 껍질로 만든 어떤 노란색을 부르는 이름이었습니다. 17세기와 18세기가 되어서야 비로소 옅은 빨간색의 이름으로 쓰이게 되었습니다.

소년들을 위한 핑크

수세기 동안, 핑크는 남성과 여성 모두가 좋아한 색이었습니다. 시대에 따라서 남성 또는 여성에게 더 인기를 끌었을 뿐이지요. 18세기에 프랑스 루이 15세의 총애를 받은 여인인 퐁파두르 부인이 있었어요. 그녀는 새로운 색상을 개발한 뒤에 자신의 이름을 붙이기도 했는데, 핑크색 중에는 그녀의 이름을 딴 '퐁파두르 핑크'라는 색이 있습니다. 19세기와 20세기 초, 어떤 나라에서는 핑크가 소년의 색이었죠. 빨강을 강하고 남성적인 색이라 여겼기에 빨강에 흰색을 섞어 만든 핑크 또한 여린 소녀들의 색으로는 적당하지 않다고 생각했어요.

핑크색 마가린!

1860년대 프랑스 황제 나폴레옹 3세는 군대를 위해 값이 싼 버터 대용품을 만드는 사람에게 상을 주겠다고 했어요. 한 프랑스 화학자가 이에 대한 응답으로 마가린을 발명했지요. 원래 마가린은 흰색이라 좀 더 버터처럼 보이도록 노랗게 물들였습니다. 이것 때문에 미국의 버터 산업이 발칵 뒤집어졌지요. 1902년까지, 미국의 32개 주는 노란색 마가린을 금지하거나 버터와 구별되도록 옅은 핑크로 색을 내게 하는 법을 통과시켰습니다.

엄청난 인기를 끈 핑크

1950년대. 핑크는 미국 영부인 덕에 소녀와 여성들에게 큰 인기를 끌었어요. 아이젠하워의 부인인 메이미 아이젠하워는 종종 핑크색 옷을 입었어요. 또한 백악관을 장식할 때 이 색을 얼마나 썼던지 '핑크 궁전'이라는 별명까지 얻었습니다. 1930년대 이탈리아 패션 디자이너인 엘사 스키아파렐리는 '핫핑크'로 알려진 선명한 색조를 개발했습니다. 이 색은 1950년대와 1960년대 십대들에게 큰 인기를 끌었습니다.

"핑크, 더 과감하고 더 강한 이 색은 소년에게 더 어울린다."

유아복 업체를 위한 미국의 한 잡지, 1918년 6월

선사 시대부터 쓰인 빨강
레드 오커 Red Ochre

고고학자들은 남아프리카 블롬보스 동굴에서 세계에서 가장 오래된 것으로 알려진 물감 상자를 발견했습니다. 그 상자 안에는 무늬가 새겨진 레드 오커 암석 덩어리들, 레드 오커 흔적이 있는 조개 껍데기, 오커를 가루로 빻는 데 쓰인 돌, 뼈로 만든 간단한 혼합용 도구가 들어 있었습니다. 약 7만 년에서 10만 년 정도 지난 오래된 것들이었습니다.

녹슨 빨강

레드 오커는 대개 적철광이라는 광물로 이루어져 있습니다. 주로 땅 위에서 발견되는데 땅 밑에서도 발견됩니다. 아프리카 스와질란드의 라이언스 캐번(사자의 동굴)에는 4만 3천 년 된 레드 오커 광산이 있어요. 선사 시대 사람들은 돌에 직접 그림을 그릴 때 레드 오커를 사용했습니다. 녹슨 빨간색의 느낌을 내고 싶을 때 말이지요. 덩어리로 된 레드 오커를 가루로 빻아 동물 지방이나 식물 수액과 섞어서 썼어요. 그렇게 가루가 굳으면 표면에 물감처럼 달라붙게 할 수 있었어요.

따뜻한 빨강

레드 오커를 활용한 예술은 프랑스와 스페인의 동굴 그림에서부터 오스트레일리아의 원주민 예술 유적지에 이르기까지 세계 곳곳에서 발견됩니다. 아르헨티나의 한 동굴에는 레드 오커로 그린 수십 개의 손 모양 그림이 있는데, 약 7천 년 전 바위에 스텐실 기법으로 찍어 만든 그림이에요. 메소포타미아 사람들은 천을 염색할 때도 레드 오커를 썼습니다. 몇 세기가 지난 뒤 미켈란젤로와 베르메르 같은 유럽의 화가들은 그림에 따뜻한 빨간색을 표현하기 위해 레드 오커를 썼습니다.

몸에 칠하는 물감

레드 오커는 몸에 칠하는 물감으로도 쓰였습니다. 스코틀랜드의 픽트족, 아프리카의 마사이족과 힘바족들이 그랬죠. 캐나다 뉴펀들랜드의 베오투크족은 그들이 사냥한 순록의 지방에 레드 오커를 섞은 뒤 몸에 발랐습니다. 레드 오커는 피 색깔과 비슷해서 가끔 사람이 죽어 장사를 지낼 때도 쓰였습니다. 영국에서 발견된 33,000년 된 해골은 밝은 레드 오커색을 하고 있습니다. 이렇듯 빨갛게 염색된 해골은 멕시코, 러시아, 지중해 가까이에서도 발견됩니다.

미라를 갈아서 만든 빨강
머미 브라운
Mummy Brown

고대 이집트인들은 사람, 고양이 등이 죽으면 미라로 만들었습니다. 이 미라를 갈아서 만든 색이 바로 머미 브라운입니다.

전생이 담긴 색
고대 이집트인들은 죽은 사람들의 세상인 내세가 있다고 믿었어요. 그래서 시신을 보존할 때, 때때로 땅 속 갈라진 틈에서 흘러나오는 역청을 썼다고 해요. 역청은 걸쭉하고 기름진 검은 석유인데 이것으로 시신에 방수 처리를 한 거죠. 수천 년 지난 뒤 이집트 미라는 더 이상 고요한 내세를 즐길 수 없게 되었습니다. 그 이유는 1500년대 이후 머미 브라운이라고 하는 특별한 갈색을 향한 열정이 유럽 화가들을 사로잡았기 때문이에요. 이 물감에 이집트 미라의 유해가 가루가 된 채 섞여 있다는 것을 모든 사람들이 알지는 못했습니다. 이 물감에서 갈색을 낸 것은 바로 미라 속에 든 역청이었습니다.

쓰임이 많았던 미라

고대 이집트 미라에 대한 수요는 꽤 많아서, 배에 실려 유럽에 보내질 정도였습니다. 물감이 되어 버린 미라도 있었지만 그대로 전시되거나 의약품으로 사용된 미라도 있었습니다. 많은 사람들이 잘게 부순 미라 가루가 두통부터 위궤양까지 모든 종류의 질병을 치료할 수 있다고 여겼습니다.

머미 브라운에 숨겨진 진실

머미 브라운은 1800년대 후반 몇몇 화가들이, 자신이 무엇으로 그림을 그리고 있는지 알게 되면서 인기를 잃었습니다. 라파엘 전파 화가인 에드워드 번존스는 1881년 이 사실을 알아내고는 즉시 정원에 물감을 묻어 버렸습니다. 하지만 이 염료는 런던의 유명한 물감 공급업자들이 미라가 다 떨어졌다고 발표한 1960년대까지도 꾸준히 팔렸습니다.

왕족, 권력, 특권을 상징하는 자주는 오랫동안
사치와 권위를 상징하는 색깔이었습니다.
왜냐하면 자연계에서 가장 찾아보기 힘든 색 가운데
하나이거든요. 이 색은 2만여 년 전 프랑스 동굴
화가들이 처음 사용했는데, 잘게 부순 적철석이나
망가니즈라는 광석으로 만들었습니다. 그 뒤에
실험실에서 화학 약품을 섞고, 식물 뿌리와 바다
생물에서 색을 뽑아내는 등 다양한 방법으로
만들어서 썼습니다.

Purple(자주)

퓨스

티리언 퍼플

오칠

마리 앙투와네트가 사랑한 자주
퓨스 Puce

퓨스는 신비한 색입니다. 심지어 사전에도 이 색이 자주인지 갈색인지 혹은 회색인지 의견이 분분하거든요. 바로 이 색을 누가 처음 만들었는지 정확하게 아는 사람도 없습니다. 다만 프랑스 마지막 여왕인 마리 앙투와네트 덕에 이름을 얻게 되었다는 것은 분명한 사실이에요.

패션에 대한 열정
마리 앙투와네트는 열네 살이라는 어린 나이에 장차 프랑스 왕이 될 루이 16세와 결혼했습니다. 처음에는 프랑스 국민들의 사랑을 한몸에 받았습니다. 시간이 점점 흐르면서 많은 이들이 앙투와네트에게서 등을 돌렸어요. 앙투와네트의 낭비벽이 한몫을 했지요. 이 여왕은 매주 18켤레의 새 장갑을 사들이거나 하루에 세 번 옷을 갈아입기도 했거든요. 드레스는 한 벌 한 벌 믿을 수 없을 만큼 비싼 가격에 사들였습니다. 프랑스 국민들 사이에서 그녀의 별명은 바로 '마이너스 마담'이었습니다.

모두가 입어야 했던 색

어느 날 왕이 앙투와네트의 방에 들어서다가 그녀가 비싼 드레스를 입어 보는 장면을 보게 되었습니다. 왕은 그녀의 낭비벽에 찬물을 끼얹으려는 속셈으로 드레스가 퓨스 색(으깬 벼룩의 색!)이라고 말했습니다. 정나미가 떨어지기는커녕 앙투와네트는 궁에 있는 모든 여인들이 퓨스 색 아니면 이와 비슷한 색의 옷만 입어야 한다고 명령했어요. 1775년 후반 궁을 방문한 한 영국 귀부인은 이렇게 썼습니다. "퓨스 색과 퓨스 색 비슷한 색 이외에는 입을 수 없다. 이 색은 이 도시에서 입을 수 있는 단 하나의 색이다."

머리를 잃다

퓨스 패션의 붐이 일어난 지 한참 뒤에 프랑스 사람들의 불만이 마침내 혁명으로 이어졌습니다. 왕과 왕비는 끌어내려졌고, 마리 앙투와네트는 1793년 단두대의 이슬로 사라졌습니다. 많은 이들에게 큰 사랑을 받지도 못하고, 충분히 이용되지도 못했지만, 퓨스는 계속 살아남아 의복과 가구에 아직도 사용됩니다.

순금보다 비싼 자주
티리언 퍼플 Tyrian Purple

3천 년 전, 지금은 레바논의 해안 도시인 티레 사람들은 바다 우렁이의 맑고 끈적끈적한 점액이 공기와 햇빛에 노출되면 얼마나 강렬한 자주색 염료로 변하는지 알아냈습니다. 이 티리언 퍼플은 쉽게 옅어지지 않았고, 희소성 때문에 매우 높게 평가되었어요. 이런 이유로 끈적끈적한 우렁이 점액은 강력한 무역 제국을 건설하는 데 도움이 되었습니다.

순금보다 비싼 자주

어마어마한 수의 우렁이를 채집한 뒤 껍질을 으깨어 햇볕 아래에서 썩게 그대로 두었습니다. 고대 작가들에 따르면, 그 악취가 아주 끔찍했다고 해요. 고작 염료 1그램 만드는 데 9천 마리가 넘는 우렁이가 들어갔지만 옷 한 벌 염색하기에도 충분치 않은 양이었지요. 당연히 염료 가격이 어마어마하게 비쌌습니다. 서기 300년까지 티리언 퍼플의 가격은 순금의 3배였습니다.

죽음까지 불러온 자주

고대 로마인들은 특히 자주색을 좋아했습니다. 처음에는 정복에 나섰던 장군들이 싸움에서 이기고 돌아올 때 자주색 망토를 걸쳤어요. 정치인들은 밝은 흰색 토가(로마인들이 즐겨 입은 긴 겉옷)에 자주색 소품들을 착용하곤 했지요. 로마 제국 후반에는 황제와 교황만 이 색으로 된 옷을 입을 수 있었습니다. 서기 40년, 칼리굴라 황제는 자신을 방문한 모리타니아의 프톨레마이오스 왕이 더 멋진 자주색 망토를 걸치고 있는 것에 화가 나 심지어 그를 죽이기까지 했답니다.

말라리아 약 때문에 얻은 색

티리안 퍼플은 18세기 영국 화학자인 윌리엄 헨리 퍼킨이 1856년 우연히 발견을 할 때까지 매우 비싼 재료였어요. 많은 사람들의 생명을 위협하는 말라리아에 맞설 약을 발명하려던 퍼킨이 결국 얻은 것은 인공 퍼플 염료였습니다. 프랑스 유제니 황후와 영국 빅토리아 여왕이 드레스 색으로 채택한 뒤 유럽과 미국에서 큰 인기를 끌었습니다.

**"이 색은 모든 의복을 빛나게 하니
승리의 영광을 금과 함께 나눈다."**
로마 작가, 플라이니 디 엘더 (서기 23~79년)

가난한 사람들의 자주
오칠 Orchil

고대 로마의 평민들에게 비싼 티리안 퍼플로 염색한 옷은 그저 꿈일 뿐이었습니다. 대신 암석에서 발견된 이끼로 만든 색깔이 싼 값으로 즐길 수 있는 대안이 되었지요. 이 색은 오칠, 아칠 또는 오첼로 알려졌습니다.

냄새나는 작업

오칠 색의 범위는 어두운 빨강에서 강렬한 자주에 이르지만, 그 색을 만드는 일은 오랜 시간이 걸리는 불쾌한 작업이었어요. 먼저 알맞은 시기에 수확한 이끼를 빻은 뒤 탄산칼륨과 사람의 오줌을 섞어요. 그리고 이 고약한 혼합물을 빵 반죽처럼 치대야 합니다. 어떤 경우에는, 염료로 사용하기 위해 최대 70일이라는 긴 시간 동안 냄새가 나도 그냥 두어야만 했습니다.

상권을 장악했던 색

오칠은 때로 자주색 옷감의 기본 염료로 쓰였습니다. 그 다음에 적은 양의 티리안 퍼플을 써서 염색을 완성했지요. 어떤 상인들은 손님에게 오칠을 티리안 퍼플이라 속여 팔기도 했습니다. 오칠은 한동안 유행에서 밀려나 있었는데 이후 중세 때 이탈리아 상인들이 중동에서 온 샘플을 모아 다시 소개했습니다. 플로렌스 출신의 한 가문이 100년 동안 이 염료의 상권을 장악했어요. 양모와 실크를 염색하는 데 이 색이 꼭 필요했답니다.

일급 비밀은 이끼

1750년대 스코틀랜드의 조지와 커스버트 고든은 오칠을 만드는 새로운 방법을 개발했어요. 이끼에서 나온 염료와 공장에서 나온 석탄 찌꺼기 등을 섞어 만들었지요. 이 방법으로 78가지 다른 색조를 만들었는데 이 염료를 '커드베어'라 불렀습니다. 이들은 글래스고 공장 주변에 높은 담을 두르고는 일급 비밀로 유지했습니다. 사업이 너무 잘 되어 스코틀랜드에서 이끼가 바닥날 정도였어요. 이후에도 노르웨이와 스웨덴에서 매년 200톤 이상을 수입했다고 합니다.

> "고든은 이 별나고 가치 있는 염료를 향한 조국의 모든 애호가로부터 용기를 얻었을 것이다."
>
> 커드베어에 대하여, 〈더 스콧 매거진〉 1776년

바다와 하늘의 색인 파랑은 수천 년 동안 예술의 일부였습니다. 불같은 빨강에 비해 차갑고 차분한 색이라 여겨지는 파랑은 사업에서는 신뢰, 탁월함, 성과의 색입니다. 파랑은 슬픔과도 관련이 있어 일본 가부키 극장에서는 유령을 나타내는 데에도 쓰입니다. 태국에서 파랑은 금요일의 색으로, 사람들은 밝은 파란색이 행운을 가져온다고 여깁니다.

Blues (파랑)

인디고   프러시안 블루   이집션 블루   울트라마린   워우드

시원한 바다 같은 파랑
인디고 Indigo

인도에서 '짙은 파란색'을 의미하는 닐라로 알려진 천연 인디고는 아시아 뿐 아니라 남아메리카와 중앙아메리카에서 자라는 식물에서 얻습니다. 이 식물을 썩게 둔 뒤에 액체를 섞어요. 이 식물의 청록색이 직물과 실을 노랗게 만드는데, 그 노란색은 공기에 노출된 뒤에는 파랗게 변합니다.

사막에서 쓰인 인디고 터번

인디고는 세계적으로 인기가 아주 많았습니다. 이 색은 고대 이집트 무덤과 일본 미술의 역사 속에서도 발견되지요. 가장 오래된 것으로 알려진 인디고는 페루의 면직물로 6천 년이 넘었습니다. 북아프리카 투아레그족 사이에서는, 소년이 어른이 되면 사막에서 열과 모래 폭풍으로부터 보호해 줄 타젤모우스트라는 귀한 인디고 터번을 선물로 줍니다.

인디고를 둘러싼 무역

포르투갈 탐험가 바스코 다 가마가 1490년대 유럽에서 아시아로 오는 항로를 발견한 뒤 인디고 대무역이 시작되었습니다. 인도가 생산의 중심지이긴 했지만 수요를 채우기 위해 신세계(아메리카 대륙)에 인디고 농장이 우후죽순으로 생겼습니다.

"인디고는 시간이 지나면 틀림없이 매우 귀중한 상품이 될 것이다."

엘리자 루카스, 1740년대 미국 인디고 농장 주인

카우보이의 작업복을 물들이다

인디고는 프랑스의 님이라는 도시에서 직물을 염색하는 데 쓰였어요. 처음에는 '서지 드 님'이라 불리다가 시간이 흐르면서 간단하게 '데님'이 되었습니다. 레비 스트로스와 제이콥 데이비스는 이 데님을 가져다가 미국 서부의 광부와 카우보이를 위한 질긴 작업복으로 만들었어요. 이것이 큰 인기를 끌면서 수십 억 달러 청바지 산업이 탄생했습니다. '진'은 이탈리아 제노바 출신 사람들을 일컫는 프랑스어에서 온 말로, 제노바 역시 인디고를 사용해 만든 또 다른 파란색 직물이 만들어지던 도시입니다.

청사진을 만든 파랑
프러시안 블루 Prussian Blue

18세기 초 어느 날, 베를린의 물감 제조업자 요한 디스바흐는 '플로렌틴 레이크'라는 풍부한 붉은 색소를 만들려고 했습니다. 그러나 뭔가 잘못되어 황산철, 탄산칼륨, 코치닐 가루로 만든 염료는 자주색이 되었고, 이것이 졸아들자 신기하게도 풍부하고 어두운 파랑이 되었습니다.

피로 오염된 블루

이 결과를 놓고 골똘히 생각하던 디스바흐는 자신이 사용한 탄산칼륨이 동물 피로 오염되었다는 것을 알아냈어요. 그의 새로운 블루 색소는 아주 값비쌌던 울트라마린보다 훨씬 값싸게 만들 수 있었어요. 독일어로는 '베를린 블루'로 알려져 있지만, 다른 곳에서는 '프러시안 블루'로 알려지게 되었습니다. 베를린은 프로이센의 수도였고 이후 프로이센 군대의 제복을 염색하는 데 이 염료가 쓰였기 때문이지요.

일본에서 선풍적인 인기를 끈 파랑

프러시안 블루는 다른 색과 잘 섞여서 반 고흐와 피카소를 비롯한 많은 화가들이 이 색을 즐겨 썼습니다. 이 색은 19세기에 일본으로 수출되면서 선풍적인 인기를 끌었습니다. 가쓰시카 호쿠사이 같은 유명한 목판화가가 자주 썼는데, 주로 바다색을 표현하기 위해 썼어요. 그리고 흑색과 청색의 인쇄용 잉크를 만들 때도 썼습니다.

청사진의 발명

이 색이 발견된 지 100년 정도 지났을 때의 일이에요. 화학자이자 천문학자인 존 허셜은 빛에 민감한 종이를 프러시안 블루로 채운 욕조에 푹 담그는 방법으로 복사의 초기 방식을 발명했습니다. 건축가와 기사들은 투사지에 설계도를 그린 다음, 빠르게 복사본을 만들 수 있었습니다. 빛은 투사지에 그려진 선은 투과하지 못하고, 선이 없는 빈 부분은 통과해 밑에 놓인 복사지에 닿았습니다. 그러면 종이는 파랗게 되어 흰색의 도면 복사본을 남겼습니다. 이 복사본을 '청사진'이라 불렀습니다.

하늘과 나일강의 파랑
이집션 블루 Egyptian Blue

고대 로마의 도시 폼페이는 서기 79년 베수비오 화산 폭발로 인해 잿더미가 된 뒤, 1,600년 넘게 사람의 손을 타지 않고 그대로 있었습니다. 마침내 그 실체가 발견되었을 때에 최초의 인공 색소 중 하나가 도시의 벽과 물감 그릇에서 발견되었습니다. 그 색의 발명가인 고대 이집트인들을 따 '이집션 블루'라는 이름이 붙었습니다.

고대 이집트인에게 중요했던 파랑

파랑은 고대 이집트인들에게 매우 중요한 색이었습니다. 하늘과 나일강의 색이었지요. 이집트인들은 나일강에서 물과 물고기를 얻었고, 그 강을 따라 물건을 실어 날랐습니다. 블루는 그들의 신, 우주, 창조와도 연관이 있었어요. 하지만 이집트인들이 파랑에 접근할 방법이 청금석밖에 없다는 점이 문제였습니다. 청금석은 아주 드물고, 값도 비쌌으니까요.

파랑을 만들다

4,600여 년 전 이집트인들은 암석과 광물로 색소를 만드는 방법을 알아냈습니다. 규사, 구리광, 그리고 다른 광물을 섞어 며칠 동안 높은 온도(보통 850~950℃)로 가열했습니다. 이 새로운 염료는 놀랍도록 오래 지속되었고, 곱게 빻으면 더 밝은색으로 만들 수도 있었습니다.

필경사와 장신구

고대 이집트에서 글씨 쓰는 일을 했던 필경사는 수확이나 세금 등의 업무를 기록할 때 파피루스 두루마리에 기록해 남겼습니다. 이들은 갈대로 만든 붓을 이집션 블루에 살짝 담가 글을 썼습니다. 이 색은 광택제로도 쓰여 종종 이집트 풍뎅이 장신구의 특징을 이루는데, 이집트인들은 이것이 나쁜 기운을 막아 준다고 생각했습니다.

파란 원숭이 12마리

이집트 파라오와 귀족 무덤의 벽은 부드러운 석고로 덮여 있었습니다. 화가들은 벽에 그림을 그렸는데 이집션 블루가 그 그림의 특징입니다. 파란 원숭이 12마리가 이집트 왕릉 가운데 가장 유명한 무덤을 장식하고 있어요. 바로 젊은 파라오 투탕카멘의 무덤입니다. 12마리의 원숭이들은 12시간을 상징하는데, 이집트인들은 파라오가 사후 세계로 여행하는 데 그만큼의 시간이 걸린다고 믿었기 때문입니다.

보석으로 만든 파랑
울트라마린 Ultramarine

가장 깊고 선명한 파랑인 울트라마린은 청금석을 갈아서 만들었습니다. 울트라마린은 투탕카멘 왕 같은 고대 이집트 파라오의 관과 죽은 사람의 얼굴을 본떠서 만든 데스마스크를 장식하는 데 쓰였습니다.

비싸고 귀한 파랑

울트라마린은 '바다 너머'를 뜻하는 라틴어에서 이름을 얻었습니다. 르네상스 시기 청금석은 아프가니스탄에서 유럽까지 당나귀에 실려 육로로 운반된 뒤에 다시 배에 실려 지중해를 건너는 여정을 거쳐야 했습니다. 청금석을 갈아 밀랍, 송진, 오일과 섞은 다음 가열해 몇 시간 동안 빵 반죽처럼 치대면 울트라마린이 됩니다. 울트라마린은 다른 염료 가격의 최소 100배는 받을 수 있는 비싸고 귀한 염료였습니다.

빚까지 지게 만든 파랑

비용이 많이 드는 데도 불구하고 울트라마린을 고집하는 고객들이 있었습니다. 유럽에서는 종교화에 등장하는 성모 마리아의 짙은 청색 가운을 울트라마린으로 색칠했어요. 화가들은 종종 이 물감을 얼마나 사용할 수 있는지를 놓고 그림을 의뢰한 사람과 입씨름을 해야 했습니다. 네덜란드 화가 요하네스 베르메르는 몇몇 뛰어난 작품을 그리면서 많은 양의 울트라마린을 사용했고, 그 비용을 감당하느라 빚까지 져야 했습니다. 그가 죽은 뒤 그의 가족은 빚더미 위에 올라앉게 되었습니다.

인조 울트라마린을 개발하다

1824년 프랑스의 한 산업 기관은 인조 울트라마린을 개발하는 사람에게 큰 상금을 주겠다고 했습니다. 프랑스 화학자 장-바티스트 기메가 입상했고 그의 인조 울트라마린은 현재 적당한 가격의 물감으로 쓰입니다. 르누아르와 모네를 비롯한 인상파 화가와 이브 클라인 같은 20세기 화가들은 그림에 인공 울트라마린을 많이 썼어요. 클라인은 이 색을 무척 좋아해 자신만의 울트라마린 색조를 개발했고, 이것이 현재 인터내셔널 클라인 블루(IKB)로 불리는 색깔입니다.

"울트라마린은 빛나는, 아름다운, 다른 모든 색을 능가하는 가장 완벽한 색."

이탈리아 화가 첸니노 첸니니, 15세기

전투에 나갈 때 필요한 파랑
워우드 Woad

워우드는 유럽 전역에서 자라는 식물입니다. 이 식물은 노란 꽃을 피우지만, 으깬 잎은 강렬한 파란색 염료가 됩니다. 주로 섬유를 염색할 때 썼어요. 고대 영국 켈트족은 전투에 나갈 때 입는 옷을 염색하는 데 쓰기도 했습니다.

얼굴과 몸에 워우드를 바르다

서기 60년, 영국의 대부분은 고대 로마의 통치를 받았습니다. 이케니족 부디카 여왕은 영국 동부에서 로마군에 맞서 격렬하게 저항했어요. 그녀는 전쟁터에 들어가기 전 얼굴에 워우드를 발랐다고 합니다. 켈트족은 몸에 워우드를 발랐습니다. 아마도 소독제 역할을 해서 상처 감염을 막는 데 도움이 되었겠지요. 부디카 여왕의 군대는 주요 전투에서 승리를 거두다가 결국 로마 군대에 패배를 당했습니다.

"영국 군인들은 몸을 워우드로 칠한다. 파란색은 전투에서 그들을 더 무서워 보이게 만들기 때문이다."

로마 장군 율리우스 시저, 기원전 54년 경

잎이 만든 블루

부디카가 사망한 뒤 여러 세기를 거치는 동안에도 워우드는 비슷한 방식으로 생산되었습니다. 잎을 빻아 동그랗게 빚은 다음 두세 달 동안 그대로 두었습니다. 워우드가 발효될 수 있도록 물을 넣었습니다. 완성된 워우드는 말린 뒤 직물 염색업자에게 팔렸습니다. 인디고가 나오기 전까지 워우드는 유럽에서 이용할 수 있는 중요한 파란색 염료였어요. 앵글로색슨족, 프랑크족, 바이킹족 등 많은 사람들이 썼으니까요.

인디고 vs 워우드

중세 시대에, 워우드 생산과 염색은 큰 수익을 내는 사업이었어요. 이때 영국 대도시였던 코벤트리가 탄생했고 워우드 상인들은 부와 권력을 거머쥐었습니다. 워우드의 지배를 위협한 인디고(46~47쪽 참고)는 '악마의 염료'라는 맹렬한 비난을 받았습니다. 1609년 프랑스 왕은 워우드 산업을 보호하기 위해 누구든 인디고를 쓰다가 잡히면 사형에 처했습니다.

초록은 자연과 가장 가까운 색입니다. 식물의 초록색은 클로로필이라는 물질 때문이지요. 고대 이집트에서 초록을 상징하는 식물은 바로 파피루스입니다. 현재, '녹색당' 등 이 색을 상징으로 하는 정당과 조직은 환경 보호와 관련이 깊지요. 초록은 봄과 새로움의 색이며 부러움의 색이기도 합니다. 윌리엄 셰익스피어는 '초록 눈 괴물'을 만들어 자신의 희곡 〈오델로〉에서 질투를 묘사합니다.

Greens(초록)

버디그리

켈리 그린

셸레 그린

자유를 상징하는 초록
버디그리 Verdigris

1885년 이제르라는 증기선은 프랑스 국민의 거대한 선물을 싣고 미국 뉴욕으로 들어갔습니다. 214개의 상자로 포장된 이 거대한 조각상은 로마 자유의 여신을 상징했습니다. 세계를 밝히는 자유로 불렸던 이 조각상은 현재 '자유의 여신상'으로 더 잘 알려져 있습니다.

구릿빛 동상이 초록으로 변하다

이 조각상은 미국에 도착한 뒤 베들로 섬에서 조립되었어요. 손으로 두드려 만든 350개의 동판을 조각상 틀의 제자리에 끼워 맞추고 고정시켰지요. 처음 어두운 구릿빛이던 동상은 20년 뒤 밝은 녹청색으로 변했습니다. 공기와 물에 반응하면서 구리 표면에 동록이라는 얇은 막이 만들어졌기 때문이지요. 이 물질을 '버디그리'라 불렀습니다.

조각상에 페인트칠을?

색이 변한 것에 대해 사람들의 걱정이 커지자 미국 의회는 1906년, 조각상에 페인트칠을 하기 위해 62,000달러를 모금하려고 했어요. 이 계획은 사람들로부터 큰 분노를 일으켰습니다. 미군 공학자들이 연구를 해서 버디그리 막이 사실은 구리의 손상이 더 심해지지 않도록 보호해 준다고 결론을 내리면서 동상은 그대로 있게 되었습니다. 다른 많은 도시에 있는 동을 입힌 돔형 건물들도 페인트칠에서 안전해질 수 있었습니다.

> "자유의 여신상을 연구하면 가장 아름다운 착색(도색) 사례를 발견하게 될 것이다."
>
> 미국 건축가 스탠포드 화이트, 1906

그리스에서 온 초록

버디그리는 풍화 때문에 자연스럽게 발생했지만 이후 채색용으로 만들어지기도 했습니다. 버디그리란 말은 '그리스의 그린'을 뜻하는 프랑스어에서 온 이름입니다. 고대 그리스인들은 얇은 구리 조각을 시큼한 와인이나 식초와 함께 그릇에 넣어 두는 방식으로 이 색소를 만들었어요. 바로 구리에 생긴 동록을 긁어 염료를 만든 것이죠. 이 색은 이후 라파엘, 티치아노, 얀 반 에이크를 포함한 화가들에게 인기를 끌었습니다.

아일랜드 사람들의 초록
켈리 그린
Kelly Green

가톨릭 사제 성 패트릭은 5세기에 아일랜드에 기독교를 들여왔습니다. 그의 축일인 3월 17일에는 아일랜드를 비롯한 여러 곳에서 다양한 기념 행사가 펼쳐집니다. 사람들은 초록색 옷과 토끼풀 같은 상징물을 착용합니다.

초록을 원한 아일랜드

아일랜드는 영국 헨리 8세의 지배 아래에서 억압을 받으면서 '아일랜드의 왕국'이라 이름 지어지고, 어두운 파란색 깃발을 받았습니다. 18세기까지, 아일랜드를 스스로 통치하기를 원한 아일랜드 독립주의자들은 초록을 그들의 색으로 선택했습니다. 초록을 통해 빨간색의 영국인 그리고 영국 통치 유지를 위한 오렌지색의 아일랜드 개신교도들과 구별될 수 있었지요. 초록은 아일랜드의 초록 들판과 성 패트릭이 강론할 때 사용한 토끼풀을 상징하기도 했어요. 많은 사람들이 이에 대한 지지의 표시로 초록색 옷을 입기 시작했습니다.

깃발을 날리며

1790년대, 아일랜드인들은 가운데에 전통 하프인 '켈틱 하프'가 그려진 깃발을 만들었어요. 이것이 아일랜드 독립을 상징하는 비공식 깃발이 되었지요. 1848년, 청년 저항군 토마스 프랜시스 미거가 새로운 깃발 하나를 처음으로 대중 앞에 휘날립니다. 독립주의자의 초록과 개신교도의 오렌지, 그리고 양측 사이의 평화에 대한 희망을 상징하는 흰색 띠가 이 두 색 사이에 있었습니다. 아일랜드가 독립했을 때, 바로 이 깃발이 아일랜드의 국기가 되었습니다.

켈리 그린

켈리 그린은 아일랜드 국기의 초록보다 약간 더 밝은 초록입니다. 이름은 아일랜드인의 흔한 성인 켈리에서 따왔어요. 이 이름은 미국에서 처음으로 쓰였는데, 미국에 아일랜드인들이 많이 살았기 때문입니다. '성 패트릭의 날'이 되면 미국에는 많은 켈리 그린이 등장합니다. 심지어 강을 오가는 쾌속정에도 이 색을 바르는 통에 이날 시카고 강은 밝은 초록으로 넓게 물든답니다.

눈부시지만 치명적인 초록
셸레 그린
Scheele's Green

칼 셸레는 많은 과학적 발견을 했지만 결과물을 공개하는 일은 드뭅었습니다. 결국 다른 화학자들이 셸레가 이룬 많은 발견으로 인정을 받았습니다. 오늘날 칼 셸레는 주로 밝지만 치명적인 초록의 셸레 그린을 발명한 사람으로 기억됩니다.

치명적인 유행

셸레 그린이라는 초록은 수천 가구의 영국 주택에서 발견되었어요. 그리고 에메랄드와 셸레 그린으로 염색한 커튼, 벽지, 색종이가 엄청난 인기를 끌었죠. 유행하는 장식용 머릿수건에서 평범한 양말까지, 그리고 의복에도 이 염료가 쓰였어요. 심지어 사탕이나 다른 음식에 색을 낼 때도 쓰였습니다. 그러나 이 색을 사용하는 데에는 대가가 따랐어요. 염료에 들어 있는 비소의 독성이 종종 몸에 흡수되어 두통, 상처와 딱지를 일으키고, 심지어는 죽음을 가져오기도 했습니다. 1930년대 미국 농부들이 셸레 그린을 살충제로 쓰긴 했지만, 점차 이 색을 쓰는 일이 사라졌습니다.

색을 사랑한 화학자

셸레는 밤늦도록 화학 실험을 하는 것을 무엇보다 좋아하는 약사였습니다. 1770년대에 그는 망가니즈, 바륨 그리고 그가 '파이어 에어'라 부른 산소를 발견했습니다. 1775년 마침내 셸레는 구리와 비소가 들어 있는 새로운 녹색인 셸레 그린을 발명합니다. 이 색깔은 적은 비용으로 만들 수 있었기 때문에 인기가 있었습니다.

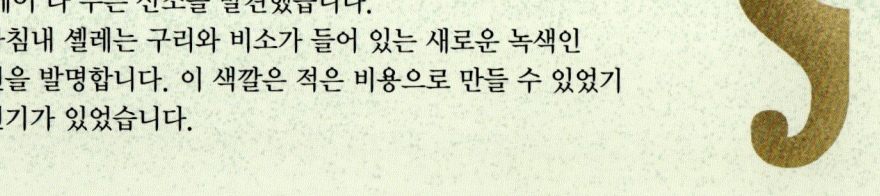

황제 죽음의 원인?

프랑스 황제 나폴레옹 보나파르트는 패배 이후 세인트헬레나라는 작은 섬으로 추방되었습니다. 거기서 그는 자신이 가장 좋아하는 색, 바로 초록색 페인트와 벽지로 꾸민 방에서 살았습니다. 나폴레옹은 1821년 사망했는데 그의 몸 속에 든 높은 수위의 비소가 그의 죽음을 앞당겼을지도 모를 일입니다.

"그녀는 치마 속에 충분한 양의 독을 가지고 다닌다. 무도회장에서 그녀를 흠모하는 남자들 전부를 죽일 수도 있다."

1862년 영국 메디컬 저널, 비소가 든 초록색 옷을 입은 사람들에 대한 글

광석에서 얻은 검정
콜과 그래파이트
Kohl Black and Graphite

검정은 선사 시대 사람들이 즐겨 쓰던 색 중의 하나입니다. 검정을 나타낼 땐 주로 목탄을 썼습니다. 콜과 그래파이트 같은 검정은 광석에서 얻은 것으로, 당시 광석을 단단한 고체 그대로 쓰거나 가루로 빻아 다른 물질과 섞어 썼습니다.

나쁜 것을 막아 주는 콜

콜은 5천여 년 전 고대 이집트에서 처음으로 사용된 재료로, 이집트인들은 이것으로 눈 주위에 두꺼운 선을 그렸습니다. 태양에 눈이 부시지 않도록 빛을 막아 주기도 했지만, 이집트인들은 콜이 보호해 주는 힘이 있다고 믿었습니다. 가난한 사람들은 그을음에 동물 지방을 섞어 콜을 만들었습니다. 부자들은 방연석이나 다른 광물 가루에 오일과 귀금속을 섞어 더 나은 형태의 콜을 만들었고 때로 유향으로 향을 내기도 했습니다.

그래파이트

그래파이트는 쉽게 그려지고 지우개로 쉽게 지워지는 그레이-블랙 형태의 탄소입니다. 과거에는 너무 귀하다 보니 그래파이트 광산은 감시가 심했고 광부들이 이를 훔치다 잡히면 채찍이 날아들었습니다. 사각 막대로 짧게 자른 그래파이트는 끈이나 양가죽으로 싸서 글을 쓰고 그림을 그리는 간편한 도구로 쓰기도 했습니다. 사람들은 이것을 납 종류로 여겨 '플럼베이고' 또는 '흑연'이라 불렀습니다. 그래파이트 연필은 아직도 '흑연 연필'로 알려져 있습니다.

연필 권력

전쟁 때문에 프랑스가 더 이상 영국에서 그래파이트를 수입할 수 없게 되자 니콜라스-자크 콩테는 한 가지 대안을 찾아냈습니다. 그는 그래파이트 가루에 점토를 섞어 가는 막대 형태로 만든 뒤 오븐에 구웠습니다. 그다음 반으로 쪼갠 나무 원기둥 속에 막대를 넣었습니다. 지금 쓰이는 연필이 탄생되는 순간이었죠! 콩테는 점토와 그래파이트 양을 다양하게 조절해 다양한 검은색과 단단함을 지닌 연필을 만들었습니다. 9B(가장 무르고 검은 연필)에서 9H(가장 단단하고 연한 연필)로 나눈 그의 등급 체계는 현재 여러 나라에서 여전히 쓰이고 있습니다.

탐나는 하양
라임 화이트와 리드 화이트
Lime and Lead White

눈, 우유의 색깔이면서 순수와 순결의 색인 흰색은 금속이나 암석 가루로 만들어져서 수천 년 동안 쓰였습니다.

라임 화이트

옛날 사람들은 일종의 석회암인 백악을 써서 동굴 벽화에 흰 배경을 더했습니다. 라임 화이트는 백악을 고운 가루로 빻아 만들었습니다. 소금과 물을 섞으면 '화이트 워시'라는 묽은 백색 도료가 만들어져요. 이 도료는 건물에 멋을 내는 데 쓰였어요. 1798년 미국 대통령 새 저택의 석조에 보호막을 바르는 데도 쓰였고요. 이 때문에 이 건물에 생긴 이름이 화이트 하우스, 바로 백악관입니다. 겨울에 나무껍질이 큰 온도 변화로 손상되는 것을 막기 위해 지금도 유실수 몸통에 바르기도 합니다.

리드 화이트

백악관은 여러 차례 화이트 워시로 다시 칠해졌다가 1818년부터는 리드 화이트라는 도료가 쓰였어요. 사실 리드 화이트가 새로운 것은 아니었어요. 3천여 년 간 비슷한 방법으로 제조되었거든요. 점토 그릇에 납을 넣어 식초와 반응하게 두고 그릇을 봉인해 동물 똥으로 단열 처리를 하면 며칠이나 몇 주 지나 식초 표면에 흰 조각들이 생겼습니다. 그것을 긁어내면 걸쭉한 염료가 되었습니다.

흰 나무, 흰 얼굴

화가들은 리드 화이트를 좋아했습니다. 캔버스와 나무에 잘 달라붙고 유성 물감과 쉽게 섞였기 때문입니다. 조선업자들이 배에 쓰일 목재를 방수 처리할 때도 썼어요. 17세기에는 여성들의 얼굴을 희게 꾸며 주는 화장품으로 쓰였습니다. 그러나 리드 화이트에는 독성이 있어요. 고대에 처음 그 위험성에 대한 경고가 있었지만 사람들은 멈추지 않았어요. 결국 계속해서 쓰다가 머리카락과 이가 빠지고 호흡에 문제가 생긴 여성도 있었지요. 미켈란젤로, 고야, 카라바조 같은 화가들은 그림을 그릴 때 사용한 이 물감 때문에 몸이 아팠을지도 모를 일입니다.

찾아보기

가쓰시카 호쿠사이 49
갬보지 11, 16, 17
검정 13, 64
교황 40
구리 50, 59, 62
구명조끼 23
그래파이트 64

나일강 50
네덜란드 9, 17, 22, 23, 52
네로 황제 20
노랑 10~23

당근 22
데님(청바지) 47
데스마스크 52
동굴 벽화 12, 32

라스코 동굴 12
라파엘 13, 35, 59
레드 오커 25, 32, 33
렘브란트 13, 17
로마 24, 28, 40, 42, 50, 54
로얄 파빌리온 14
르느아르 53
립스틱 27

마리 앙투와네트 38, 39
망가니즈 36, 62
머미 브라운 25, 34, 35
목탄 64
미라 34, 35
밀랍 52

백악 66
백악관 31, 66, 67
버디그리 57~59
버밀리언 25, 28, 29
법의 21
부디카 여왕 54, 55
블랙박스 23
블롬보스 동굴 32
비소 22, 62, 63
빈센트 반 고흐 14, 15, 49
빨강 8, 10, 24, 25, 26~35, 42, 44

사프론 11, 20, 21
사프론 전쟁 21

선사 시대 9, 32, 64
성 패트릭 60, 61
성경책 28
성모 마리아 52
셸레 그린 57, 62
수은 28
스텐실 32
스페인 18~20, 22, 27, 28, 32
승려 21
신세계 46

아이스크림 27
아일랜드 60, 61
아즈텍 19, 27
아타우알파 18, 19
안전복 23
알렉산더 대왕 20
얀 반 에이크 59
에드워드 번존스 35
연금술사 28
연지벌레 26
연필 64
옐로 오커 11, 12, 13
오렌지 9, 11, 15, 22, 23, 61
오칠 37, 42, 43
요하네스 베르메르 32, 52
울트라마린 45, 48, 52, 53
워우드 45, 54, 55
유황 22, 28
이끼 42, 43
이집션 블루 45, 50, 51
이집트 13, 22, 34, 35, 46, 50~52, 56, 64
인도 16, 21, 46
인디고 45~47, 55
인터내셔널 클라인 블루 53
잉카 골드 11, 18
잉카 제국 18

자유의 여신상 58, 59
자주색 9, 22, 36, 37, 38, 40, 41, 42, 48
적철광 32
조지프 말로드 윌리엄 터너 17
존 허셜 49
종교화 52
중국 빨강 29
진사 28, 29

청금석 50, 52
청사진 49
첸니노 첸니니 53
초록 8~10, 17, 56~59, 61~63
추기경 27

카우보이 47
칸딘스키 29
칼리굴라 황제 40
켈리 그린 57, 60, 61
켈트족 54
코벤트리 55
코치닐 25~27, 48
콜 64
콜로세움 20
콩테 64
크로마 14
크로커스 20
크롬 14
크롬 옐로 11, 14, 15
클로로필 56

타겔모우스트 46
투탕카멘 51, 52
티리언 퍼플 37, 40
티치아노 59

파랑 10, 44~55
페루 19, 27
페르디난드 18
폼페이 50
퐁파두르 부인 30
퓨스 37~39
프랑스 12, 14, 15, 22, 30~32, 36~39, 41, 47, 53, 55, 58, 63, 64
프러시안 블루 17, 45, 48, 49
피사로 19
피카소 49
피테르 브뢰헬 17
필경사 50
핑크 25, 30, 31

헨리 6세 27
화장품 13, 27, 67
후커의 녹색 17

글쓴이 **클리브 기포드**는 저널리스트이자 작가로 800편이 넘는
기획 기사와 100권이 넘는 책을 썼습니다. 여행을 좋아해 70여 개 나라를 여행했습니다.
낙하산 다이빙을 즐기고 축구를 비롯한 몇몇 경기의 코치로도 활동 중입니다.
지은 책으로는 《올림픽 이야기》, 《로봇》, 《모터 스포츠 백과사전》,
《축구 백과사전》 등이 있습니다.

그린이 **마르크-에티엔 펭트르**는 프랑스 트로이에서 태어나 리용에 있는
에밀 콜 학교에서 일러스트레이션을 공부했습니다. 지금은 잡지와 그림책의 일러스트레이터로
일하고 있습니다. 장난스러우면서도 경쾌한 스타일의
그림을 주로 그리고 있습니다.

옮긴이 **이강희**는 서울대 종교학과를 졸업했습니다.
소통의 도구인 언어가 공감의 도구로도 쓰이기를 바라며 번역을 하고 있습니다.
〈Running back and forth to Venus〉(홍이현숙), 〈실신프로젝트 남양광하〉(경기문화재단) 등
예술가들의 작업을 영어로 바꾸는 일을 했습니다.

| 교양학교 그림책 |
THE COLOURS OF HISTORY

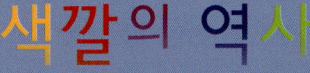

초판 1쇄 2018년 7월 20일 | 초판 4쇄 2020년 10월 23일
글쓴이 클리브 기포드 | 그린이 마르크-에티엔 펭트르 | 옮긴이 이강희 | 펴낸이 황정임 | 펴낸곳 도서출판 노란돼지
경기도 파주시 문발로 115(파주출판문화정보산업단지), 307 (우)10881 | 전화 (031)942-5379 | 팩스 (031)942-5378
등록번호 제406-2009-000091호 | 등록일자 2009년 11월 30일 | 책임 편집 김성은 | 경영지원 손향숙 | 디자인 이재민

도서출판 노란돼지는 독자 여러분의 의견을 기다립니다. yellowpig.co.kr
ISBN 979-11-5995-037-7 77900 ⓒ 노란돼지 2018

이 도서의 국립중앙도서관 출판시도서목록(CIP)은
e-CIP 홈페이지(http://www.nl.go.kr/ecip)에서 이용하실 수 있습니다.
(CIP제어번호: CIP2018017443) 값은 표지 뒷면에 있습니다.

제조국 대한민국 | 사용연령 5세 이상
주의사항 종이에 베이거나 긁히지 않도록 조심하세요. 책 모서리가 날카로우니 던지거나 떨어뜨리지 마세요.